Jesús Greus

Así vivieron en al-Ándalus

La historia ignorada

ANAYA BIBLIOTECA BÁSICA HISTORIA

Colección: Biblioteca Básica de Historia

Director: Joaquim Prats i Cuevas,
catedrático de Didáctica de la Historia,
Universidad de Barcelona

Coordinación editorial: Jesús Navas
Edición: Salvador Vara
Diseño: Miguel Ángel Pacheco y Javier Serrano
Edición gráfica: Elena Achón
Maquetación: Aurora Martín y Gema Melero
Corrección: Isabel Gallego
Ilustraciones: Carlos Moreno y Arturo Asensio

Créditos fotográficos:
Aisa, Album; Archivo Anaya: (Cosano, P.; Muñoz, M.; Martín, J.A.;
García Pelayo, Á.; Padura, S.; Ruiz, J.B.; Steel, M.; Valls, R.);
Cover, Index, Prisma, Photo Scala

Ilustraciones de la cubierta:
Miniatura del manuscrito andalusí de la *Historia de Bayad y Riyad*,
del siglo XIII
Torre del Oro de Sevilla

1.ª edición: junio 2009
5.ª impresión: abril 2018

© Jesús Greus Romero de Tejada, 2009
© Grupo Anaya, S.A., Madrid, 2013
Juan Ignacio Luca de Tena, 15 - 28027 Madrid
Depósito Legal: M-21655-2009
ISBN: 978-84-667-8677-5

Impreso en España - Printed in Spain
www.anayainfantilyjuvenil.com
e-mail: anayainfantilyjuvenil@anaya.es

Índice

Prólogo

La historia de al-Ándalus ha sido tradicionalmente menospreciada en nuestro país, debido a un prejuicio de raíces religiosas, culturales y raciales. Hasta hace menos de dos décadas, en los libros de enseñanza se mencionaba al-Ándalus tan solo como un reflejo de la llamada Reconquista. Salvo historiadores especializados, nadie se tomó nunca la molestia de indagar cómo fue esa civilización al otro lado de la frontera cristiana. Un país que hablaba otras lenguas, que tenía otras costumbres, que pensaba, vestía, se comportaba de manera diferente.

Al-Ándalus era presentado como un territorio español ocupado durante siglos por extranjeros y, por lo tanto, carente de interés. Sin embargo, siempre olvidamos que la base poblacional de al-Ándalus era muladí, es decir, musulmán de origen hispanogodo, y que las clases dirigentes, aunque de origen principalmente árabe, estaban profundamente mestizadas con la población cristiana peninsular.

En cualquier caso, nadie se para a pensar que, tras unos ochocientos años de arraigo en la Península, los habitantes de al-Ándalus eran españoles de pleno derecho, aunque de credo musulmán, así como también lo eran, por las mismas razones, otros españoles que profesaban la religión judía. A todos ellos se les denomina andalusíes.

Aún hoy, cuando se menciona la expulsión de los moriscos, un siglo después del fin del período de la Reconquista, se suele hacer como si se tratara de gentes extrañas, y no como unos súbditos más del mismo rey. Pero, gentes que han convivido durante siglos en una tierra no pasan por ella de puntillas: inevitablemente dejan una impronta, huellas que no pueden borrarse.

El estudio de la historia de al-Ándalus nos descubre que, lejos de ser esta motivo de sonrojo, supuso en realidad uno de los períodos más ricos de nuestra compleja evolución histórica, que convirtió gran parte de la Península Ibérica en una nación adelantada a su tiempo, donde brillaron las artes y las ciencias, un centro de saber que irradió a Europa y posibilitó el fenómeno científico, literario y artístico, iniciado en Italia en el siglo XIV, llamado Renacimiento. Pero, además, nos revela la trascendencia que ese largo período histórico tuvo en la forja de nuestra cultura plural, enriquecida por el mestizaje. Nos enseña que un pueblo es la suma de todos esos pueblos que, nos guste o no, mezclaron sus sangres y sus ideas.

Al-Ándalus fue, por lo tanto, otra España, como antes lo fueron la Hispania romana o la visigoda, y como lo sería la nueva España unificada y cristiana posterior a la caída de Granada.

Esta es la historia ignorada de aquel al-Ándalus que forma parte indeleble de nuestro ser como españoles.

El país de las tres religiones

Al-Ándalus es el nombre con el que se conoce al Estado musulmán creado por los árabes y norteafricanos tras su entrada en la Península a principios del siglo VIII. Fragmentado después en diversos reinos, perdurará hasta la instauración por los Reyes Católicos, a finales del siglo XV, de la monarquía unificada española.

Se llama hispanomusulmanes a los habitantes de la España musulmana, o al-Ándalus, que profesaban la religión de Mahoma. Aunque había entre ellos quienes descendían de árabes y bereberes, venidos a la Península durante la conquista o posteriormente, la mayoría era de origen hispanogodo, convertidos al islam.

Pero en al-Ándalus vivían también cristianos —a quienes se llamaba mozárabes porque imitaban las costumbres de los musulmanes— y judíos. La España musulmana fue, así, un país donde coexistieron tres culturas —musulmana, judía y cristiana—, alternándose períodos de pacífica convivencia con otros de mayor intolerancia. En cierta medida, la civilización de al-Ándalus fue el resultado de las influencias mutuas entre estos tres grupos. Por todo ello, llamaremos *andalusí* a los habitantes y a la cultura que floreció en el al-Ándalus.

Gracias a los numerosos conocimientos recibidos de los árabes orientales (y que estos habían recogido, a su vez, de bizantinos, persas, hindúes y chinos), al-Ándalus fue, en su tiempo, el mayor foco de cultura de Europa. Los sabios andalusíes divulgaron la filosofía de la antigua Grecia, abrieron nuevos rumbos marítimos con la brújula, enseñaron la numeración india con el sistema decimal, introdujeron nuevos métodos de irrigación para los campos, fabricaron papel para sus libros de ciencia…

La huella de al-Ándalus está todavía presente en muchas costumbres españolas, en la arquitectura y en las lenguas romances, sobre todo la castellana. Vamos a hacer un viaje al pasado, a internarnos en sus ciudades, pasear por sus calles, introducirnos en sus casas para entender cómo vivían, estudiaban, trabajaban y se divertían los andalusíes.

1 Ocho siglos de al-Ándalus

Antes de exponer las costumbres más generales
en la vida cotidiana de los andalusíes,
examinemos las razones que impulsaron
a los árabes y bereberes a venir a la Península.
A continuación analizaremos someramente
el período histórico-político de ese mundo
llamado al-Ándalus, un país que determinó
nuestra historia y que contribuyó a labrar
nuestra personalidad.

1. Decadencia del reino visigodo y fundación de al-Ándalus

Al iniciarse el siglo VIII, el reino visigodo, cuya capital era Toledo, estaba sumido en una crisis política y social provocada por el empobrecimiento de la economía, las frecuentes sequías, el hambre de las clases más desfavorecidas, el desprestigio creciente de sus monarcas y, por fin, la rivalidad entre la nobleza.

Puesto que el trono no era hereditario, sino electivo, las principales familias nobles luchaban entre sí para ocuparlo. Los reyes eran a menudo asesinados por los miembros de la nobleza que aspiraban a sucederlos. Esta competencia acabó por debilitar al reino visigodo.

En este estado de cosas, el penúltimo rey visigodo, Vitiza, pretendió hacer hereditaria la Corona. Sucedió que, a su muerte, su joven hijo Agila fue proclamado rey, pero un sector de la nobleza se negó a aceptarlo y sentó en el trono a un noble llamado Rodrigo, duque de la Bética. A pesar de sus esfuerzos, Rodrigo no pudo evitar que estallara una guerra civil en el país.

Cúpula de mocárabes en la sala de las Dos Hermanas. Alhambra de Granada.

Aunque el nuevo rey fue generoso con sus adversarios, los hijos de Vitiza se decidieron a recuperar el trono a toda costa. A partir de aquí, la historia es incierta y hay en ella elementos de leyenda.

Parece ser que resolvieron pedir ayuda a los musulmanes para destronar a Rodrigo. El arzobispo de Sevilla, Oppas, tío del destronado Agila, pidió al gobernador de Ceuta, el conde don Julián, hábil político, que hiciera de intermediario en las negociaciones con el gobernador árabe de Túnez, Musa ben Nusayr.

El gobernador Musa comprendió que no le resultaría difícil, bajo el pretexto de apoyarles, hacerse con un país dividido, cuya monarquía había caído en el descrédito. Contaba, además, con el descontento de un amplio sector de la población hispanorromana, que no había acabado de mezclarse con los godos y que vivía sometida a una condición de semiesclavitud y miseria. Y se supone que prometió su ayuda.

En el año 711, los hijos de Vitiza, el arzobispo Oppas y otros nobles godos se sumaron a un pequeño grupo de tropas árabes y bereberes, comandadas por Táriq, el lugarteniente de Muza. Su intención inicial era hacerse, mediante el saqueo, con un simple botín. En solo tres años, y con un ejército no mayor de 25 000 hombres, los musulmanes conquistaron la Península hasta

Arrianos y trinitarios

En el siglo VIII, el reino visigodo vivió una honda crisis religiosa. El clero y las dos principales familias nobles, la de Wamba y la de Chindasvinto, estaban divididas entre arrianos o unitarios –seguidores de Arrio, que negaban la Trinidad por considerarla una forma de politeísmo– y los llamados trinitarios, defensores de la idea de tres personas en un mismo Dios. Los arrianos mantenían ya contacto con intelectuales musulmanes del norte de África, por considerarlos próximos a sus ideas.

El penúltimo rey, Vitiza, se convirtió al arrianismo, así como su heredero, el depuesto Agila.

Rodrigo, en cambio, quien arrebató a aquel el trono, era trinitario. Se entiende, así, que Agila y los suyos solicitaran ayuda a los musulmanes para recuperar el trono.

Esto explicaría la celeridad de la penetración de estos en la Península, así como su permanencia posterior.

Otro elemento que pudo contribuir a la llegada de los musulmanes fue el descontento de los judíos, muchos de ellos exiliados en la región llamada Tingitana, al norte del actual Marruecos.

Zaragoza, y en un año más los musulmanes habían conquistado casi toda la Península.

En realidad, parece que muchas ciudades les abrieron sus puertas sin ofrecer resistencia, acogiéndolos como a sus salvadores, y otras se rindieron mediante ventajosos pactos.

Los caballeros de Alá a la conquista de Hispania. *Miniatura del siglo XIII, de al-Hariri.*

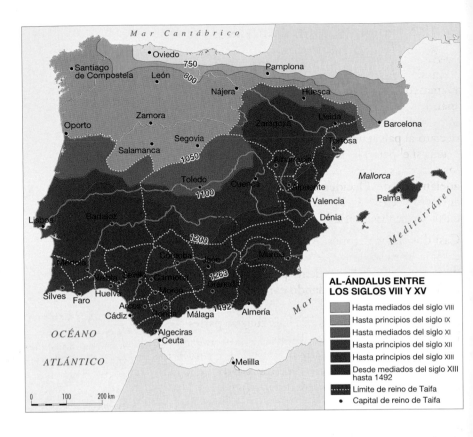

Mar Cantábrico

Oviedo
Santiago de Compostela León
750
800
Pamplona
Nájera
Huesca
Zamora
Oporto
Lleida
Zaragoza
Barcelona
Segovia
Salamanca
1050
Tortosa
Toledo
Cuenca
Albarracín
Mallorca
1100
Alpuente
Valencia
Palma
Lisboa
Badajoz
Dénia
Mediterráneo
1200
Córdoba
Jaén
Murcia
Mértola
Niebla Sevilla
Carmona
1263
Silves Faro
Huelva
Morón
Granada
Arcos
1492
Almería
Cádiz
Ronda
Málaga
Mar
OCÉANO
Algeciras
Ceuta
ATLÁNTICO
Melilla

0   100   200 km

AL-ÁNDALUS ENTRE LOS SIGLOS VIII Y XV

- Hasta mediados del siglo VIII
- Hasta principios del siglo IX
- Hasta mediados del siglo XI
- Hasta principios del siglo XII
- Hasta principios del siglo XIII
- Desde mediados del siglo XIII hasta 1492
- Límite de reino de Taifa
- Capital de reino de Taifa

Los nuevos gobernantes musulmanes, que establecieron su capital en Córdoba, pactaron con los nobles godos que les habían ayudado a entrar en la Península, respetando sus posesiones y privilegios.

El caso más notorio es el del duque visigodo Teodomiro de Murcia, que pudo seguir gobernando en su territorio –que pasaría a llamarse la cora de Tudmir– tras pactar con los musulmanes.

Aunque el islam pasó a ser la religión oficial del nuevo Estado, llamado al-Ándalus, no se obligó a nadie a convertirse. Por el contrario, se permitió a cristianos y judíos practicar sus religiones, e incluso los musulmanes compartieron las iglesias con los cristianos, antes de edificar sus propias mezquitas.

2. Emirato y califato omeyas

Al-Ándalus continuó siendo una provincia del imperio islámico, dependiente políticamente de los califas de Damasco hasta el año 756, cuando el joven Abderramán I, único superviviente de la dinastía derrocada de los Omeyas, llegó a Córdoba, se proclamó emir y declaró al país reino musulmán independiente. Se iniciaba así el período del emirato omeya, durante el cual los sucesivos emires hicieron de al-Ándalus el país más adelantado de Occidente, mejoraron su economía, agricultura e industria, y lo convirtieron en un foco de cultura que iluminaría después a Europa.

Casi dos siglos después, Abderramán III se proclamó califa o jefe espiritual de los hispanomusulmanes, es decir, soberano independiente política y religiosamente del califa de Bagdad, dando comienzo el califato de Córdoba. Bajo su reinado, al-Ándalus llegó a su máxima expansión, cubriendo las tres cuartas partes de la Península y anexionándose Tánger y algunas zonas del Magreb. La espléndida corte de los califas, donde brillaron las ciencias y las artes, fue trasladada a una ciudadela edificada al norte de Córdoba, la famosa Medina Azahara.

Sala de oración o haram *de la mezquita de Córdoba. Esta mezquita es una de las principales obras del arte islámico en España y se realizó entre los siglos VIII y X.*

3. Reinos de Taifas y período almorávide

A la muerte del gran Almanzor, ministro del califa Hishem II, al-Ándalus entró en un período de inestabilidad política, que acabó con la caída del califato y de la monarquía omeyas. La España musulmana se dividió en una veintena de pequeños reinos, llamados Taifas.

Las rivalidades entre estos permitió a los reyes cristianos, por primera vez, avanzar sobre sus territorios, llegando a imponer tributos a algunos reyes musulmanes. Asustados, estos solicitaron ayuda al sultán almorávide del actual Marruecos, quien vino a la Península y se enfrentó con éxito a los cristianos, pero destronó a los reyes de Taifas convirtiendo al-Ándalus en una provincia suya.

Inevitablemente, los almorávides, que habían llevado una vida sobria en Berbería, terminaron por entregarse en al-Ándalus con el tiempo, a la vida de lujo y placeres que llevaban los reyes de Taifas. Aprovechando su decadencia, otra dinastía africana bereber, los almohades, conquistó sus posesiones en Marruecos, mientras los almorávides eran destronados en al-Ándalus.

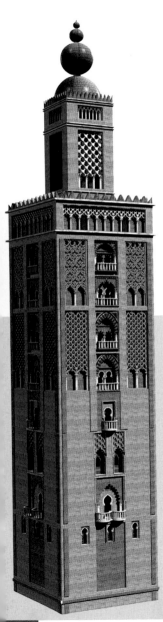

La Giralda de Sevilla

La Giralda fue el alminar de la mezquita mayor almohade de Sevilla y constituye, junto con el Patio de los Naranjos, su único resto. El alminar se construyó entre 1184 y 1198, aunque la mezquita era anterior y estuvo unida al Alcázar por un lienzo de muralla, pues tenía también funciones defensivas.

La torre tenía en su interior una rampa en espiral sustentada por bóvedas; se podía acceder a caballo a su parte superior a través de la rampa. Su exterior es cuadrado; los cuatro frentes se dividen en tres calles verticales cada uno. En la calle central se abren ventanas y balcones, y las laterales se decoran con una red de rombos, decoración difundida por los almohades. Sobre un segundo cuerpo, más reducido, se remataba la torre con un casquete semiesférico coronado con esferas de cobre de tamaño decreciente, como puede apreciarse en la imagen de la izquierda. Un terremoto ocurrido en 1356 derribó el casquete y las esferas.

En el siglo XVI, se colocó el actual cuerpo de campanas, rematado con una bola y con una escultura de la Fe en bronce, que gira, «el Giraldillo», que da el nombre al monumento.

4. Los almohades y el último reino nazarí

Después de otro corto período de reinos Taifas, los almohades invadieron la Península a mediados del siglo XII, gobernándola a su gusto hasta su famosa derrota en las Navas de Tolosa en el año 1212, frente a las tropas aliadas de Castilla, Aragón y Navarra, y algunos soldados de Portugal, tras la cual empezó a debilitarse su poder.

Por tercera y última vez, al-Ándalus se dividió en varios reinos de Taifas. Aprovechándose de las luchas entre los diversos reyes andalusíes, la conquista de territorios bajo poder musulmán, la llamada Reconquista, avanzó con gran rapidez, a lo largo del siglo XIII hasta el reino de Granada.

Acorralado, el reino nazarí de Granada sobrevivió durante casi dos siglos y medio –hasta 1492–, gracias a la protección natural que le ofrecían las sierras a su alrededor. Pero acabó como estado vasallo de Castilla, y tuvo al fin que rendirse a los Reyes Católicos, cerrando así la historia de casi ocho siglos de la España musulmana.

Palacio del Generalife visto desde la Alhambra. Grabado coloreado de David Roberts pintor romántico escocés de la primera mitad del siglo XIX.

2 El ambiente callejero y la casa

Las ciudades andalusíes se parecían a las ciudades árabes del norte de África y el Medio Oriente. Tenían en el centro una medina, ciudad amurallada donde se concentraban el alcázar, o residencia gubernativa, y la mezquita mayor. También tenían espacios abiertos: zocos o mercados, así como pequeños jardines y cementerios. Las rodeaban, extramuros, algunos barrios exteriores, los arrabales.

A la izquierda, entrada al barrio de la Alcaicería, Granada.

1. Población de las principales ciudades

Las grandes ciudades tenían alcantarillado para aguas residuales, fuentes públicas con agua potable y numerosos baños públicos. Había, además, fondas u hospederías para las caravanas que traían a la ciudad mercancías diversas, procedentes del campo o de otras ciudades o países remotos. Estas fondas disponían de un corral central, donde se depositaban los sacos de mercancías, y, en derredor, establos para mulas o camellos. En el piso superior había pequeñas habitaciones de alquiler para los mercaderes.

En época del califato omeya, Córdoba llegó a tener unas ochocientas fuentes y seiscientos baños públicos. Aunque se ha fantaseado mucho acerca de la población de la capital de al-Ándalus, Córdoba no llegó a tener más de 300 000 habitantes, cifra enorme para la Edad Media. Era una de las tres ciudades más grandes del mundo, junto a Constantinopla y Bagdad.

Las otras ciudades andalusíes más populosas eran Sevilla, con unos 83 000 habitantes; Toledo, con 37 000; Granada y Badajoz, con 26 000, y Zaragoza y Valencia, con 15 500.

La medina

La medina, o ciudad en árabe, tenía torres defensivas, con sistemas ópticos de comunicación, y ofrecía a sus habitantes protección en tiempo de guerra. Pero al no haber leyes para la edificación urbana, cada cual construía su casa donde le parecía, por lo que las calles nunca eran rectas y la ciudad acababa por convertirse en un verdadero laberinto, que sus habitantes conocían como la palma de su mano.

2. Las calles y los barrios

Las calles principales de la medina nacían en las puertas de la muralla y estaban empedradas. El resto era un laberinto de callejuelas estrechas y tortuosas, con suelo de tierra, cuya anchura y dirección cambiaban cada varios metros. Donde se ensanchaban, formaban pequeñas plazas que servían de zoco o mercado.

La importancia de las ciudades en los países musulmanes se medía por el número de sus puertas. La medina de Córdoba tenía siete, y en el siglo X la rodeaban veintiún barrios exteriores, con unas quinientas mezquitas en total.

Como los artesanos y comerciantes se reunían por gremios, los barrios, los zocos y las calles tomaban sus nombres de ellos. Había, así, el barrio de los perfumistas, de los curtidores, de los pergamineros, de los especieros, de los alfareros, de los tejedores, de los zapateros; el zoco o la calle de los cedaceros, de los carniceros, de los estereros, de los aserradores, de los drogueros, de los pañeros…

Casi todas las ciudades tenían, además, su judería o barrio reservado a los judíos. Se conserva hoy día una de las dos juderías de Córdoba, próxima a la Gran Mezquita.

Desde las calles, dada la desnudez de los muros, era difícil adivinar la suntuosidad de los interiores de algunas mansiones. Calle Cabezas, en la ciudad de Córdoba.

La judería era un laberinto de callejas y de barrios interiores, cerrada con puertas que la comunicaban con el resto de la ciudad. Calle de la Judería, de Toledo.

También los mozárabes, aunque en algunas ciudades vivían entremezclados con la población musulmana y judía, tenían sus barrios propios, como sucedía en Zaragoza y en Valencia.

Los barrios exteriores a la muralla tenían sus zocos, mezquitas, comercios y baños propios. Tanto las grandes puertas de la medina como las cancelas de los barrios se cerraban por la noche, para evitar robos.

Por la noche, policías armados, acompañados de perros y provistos de un farol, hacían la ronda del barrio para mantener las calles vigiladas.

Siempre cerca de la puerta principal de cada ciudad se hallaban el cementerio y el vertedero públicos, y también, más alejada, la leprosería. Normalmente, las grandes urbes tenían varios cementerios musulmanes, además había otro para los judíos y otro más para los cristianos.

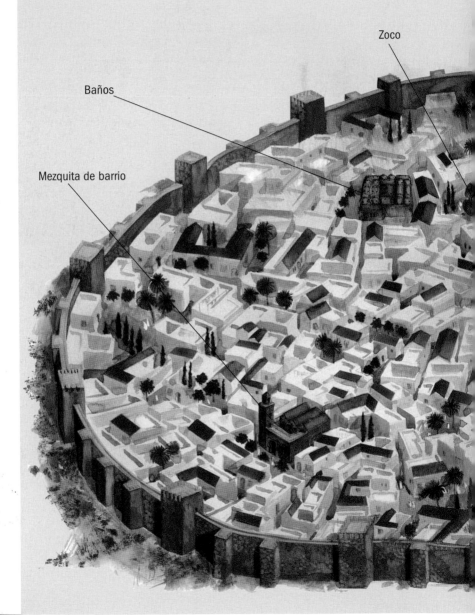

Zoco

Baños

Mezquita de barrio

Mezquita mayor

Alcazaba

Arrabal

Puerta principal

Como los andalusíes eran amantes de la naturaleza, sus ciudades estaban rodeadas por hermosos jardines y fértiles huertas, regados por medio de norias, aljibes y acequias. Desde muy antiguo se celebró la belleza de la vega de Granada como un regalo para la vista desde las alturas del Albaicín.

Además de los palacios principescos, levantados en medio de extensos vergeles con fuentes y surtidores, había alamedas y jardines públicos para el pueblo llano. En el bosque de robles y encinas solía haber alquerías para ir de excursión y, desperdigadas, pequeñas ermitas.

3. El ambiente de las calles

Dentro de la ciudad, el ambiente callejero era bullicioso y pintoresco. A todas horas del día circulaba por la calle una multitud atareada u ociosa que acudía a los zocos, donde se ponían a la venta frutas y verduras, especias, objetos artesanales, libros, tapices y esclavos.

Había barberos que afeitaban en cualquier esquina; vendedores de fritangas, panes, dulces o quesos; aguadores que ofrecían agua fresca a cambio de unas monedas; herbolarios que preparaban ungüentos; dentistas callejeros; asnos cargados de forraje; agricultores que bajaban de los montes para vender hortalizas; escribientes públicos que redactaban cartas o documentos, etc.

Entre el hormigueo incesante de la multitud pululaban mendigos, ciegos con su lazarillo, equilibristas, faquires, encantadores de serpientes, narradores de cuentos, astrólogos, echadoras de cartas. Eran frecuentes los robos y las disputas callejeras, que atraían en seguida a un montón de curiosos.

Bajo el tórrido calor del verano, las calles olían a muchedumbre, a excrementos de las bestias, a especias, a guisos y al perfume de sahumadores ambulantes.

Alejados de los céntricos mercados de la medina y de los populosos bazares, los barrios exteriores ofrecían a sus residentes, por el contrario, un ambiente silencioso y recogido.

Calle de la Judería, en Uncastillo (Zaragoza).

4. Las casas

En general, era difícil saber por la fachada de las casas la condición social de sus dueños, ya que no tenían adornos, y sus pocas ventanas, cubiertas por celosías, no permitían ver el interior.

La mayoría de las casas eran de dos pisos. Las casas ricas tenían un portón de entrada, siempre cerrado, que comunicaba a un zaguán, por el que se llegaba a un patio central, de planta rectangular. Tres de los lados de este patio tenían galerías cuyo techo era sostenido por columnas de mármol, y su centro lo ocupaba una pequeña alberca con un surtidor para refrescar el ambiente en los días de calor. En un rincón del patio había una estrecha escalera por la que se subía al piso superior, reservado a las mujeres. En torno al patio había salones que recibían luz de él y servían, de noche, como dormitorios para la familia y para los esclavos y sirvientes. Estos patios estaban ajardinados: tenían arriates con flores y alguna palmera por cuyo tronco trepaba la hiedra. Algunas mansiones contaban, además, con un jardín, cuya espesura asomaba por encima del muro exterior y podía verse desde la calle.

Patio de la casa de Zafra, en Granada, a la izquierda, y, a la derecha, patio de la casa Andalusí, de Córdoba.

Las casas humildes eran parecidas, pero mucho más pequeñas. No tenían más de 50 m², y sus habitaciones eran muy angostas. La puerta de entrada daba a un estrecho pasillo en ángulo por el que se accedía a una esquina del pequeño patio, cuya galería era sostenida por pilares de ladrillo. Eran también comunes los corrales, con una única puerta de entrada y viviendas independientes alrededor. Muchas familias pobres no tenían allí más que una habitación como todo hogar. En este ambiente agobiante, todos los días había riñas y gritos entre los vecinos.

Casas colgadas de la Judería de Tarazona (Zaragoza).

Tanto en las casas ricas como en las humildes, el patio era el centro de la vida familiar. En él, las mujeres podían dedicarse a las labores de la casa sin temor a que se las viera desde la calle.

Dentro del hogar no interesaba la vida exterior a él, por lo que había pocas ventanas en las fachadas. Por otra parte, esto servía, a la vez, para mantener las casas en penumbra y combatir mejor el calor del verano. A veces, los pisos altos tenían sobre la calle balcones con celosías, para que las mujeres pudieran mirar afuera sin ser vistas.

5. Los muebles

Tenían pocos muebles. En las grandes mansiones se colgaban de los muros, como adorno, paños o tapices de lana fina o de seda, tapices, y se cubrían los suelos con alfombras. Junto a las paredes había asientos alargados y bajos, y, frente a estos, mesas redondas y bajas para comer. El señor de la casa solía sentarse sobre un estrado con almohadones. Sobre la alfombra había también almohadones redondos de cuero teñido de vivos colores. Las camas tenían colchones de lana, sábanas bordadas, almohadas y mantas. Los niños dormían en cunas con un pequeño colchón y un empapador de piel de cordero (como todavía se usa en algunas partes de España).

En lugar de armarios, usaban baúles de madera para guardar la vajilla y otros objetos de la casa, para lo cual había también unos nichos horadados en los muros. La ropa la guardaban en grandes cofres. En la cocina había platos, ollas de cobre, sartenes y cestones de esparto, y el agua se conservaba en calabazas y en tinajas.

Cada casa tenía su despensa, donde se guardaban, en vasijas de barro vidriado, las provisiones para todo el

Brasero andalusí de azófar de la segunda mitad del siglo XII, Córdoba.

Silla hispanoárabe de época nazarí, del siglo XIV. Este sillón de taracea se encuentra en el Museo de la Alhambra.

año: carne acecinada, aceite de oliva, harina, vinagre, miel, conservas y frutos secos. El padre de familia era, por lo general, quien guardaba las llaves de la despensa.

En invierno era necesario tener calefacción. Como las casas grandes tenían sus propios baños, hacían circular el agua caliente por tuberías de barro y caldeaban así paredes y suelos. Usaban, además, braseros de metal en los que quemaban carbón. Para iluminarse de noche tenían lámparas de bronce con bujías, y en los palacios había altos candelabros de cobre. Una descripción de la iluminación de un palacio toledano del siglo XI dice: «El salón brillaba como si el sol y la luna se hallaran en su cenit, como una corona».

En las casas humildes había menos muebles. No tenían colgaduras en las paredes, y los suelos estaban cubiertos, todo lo más, con simples esteras. Si, como era normal, no tenían dinero para comprar ropas hechas en los zocos, debían fabricarse sus propios vestidos, por lo que nunca faltaban en sus casas la rueca y el telar. De noche se alumbraban con velas de cera o sebo (las de cera eran mucho más caras) y candiles de aceite. Como calefacción invernal usaban braseros, principalmente de barro cocido.

El barrio como aldea

En las ciudades de al-Ándalus, cada barrio era como una aldea, con una calle principal donde había un zoco de alimentos, bazares, mezquita, barberos, sastres, carniceros, tahonas u hornos de pan, etc. De esa calle mayor, de intenso tránsito de personas, carromatos y caballerías, arrancaban otras callejas estrechas y tortuosas, de las que nacían, a su vez, callejones ciegos y silenciosos donde jugaban los niños. Eran frecuentes los pasadizos cubiertos, debido a que algunas casas tenían una o dos habitaciones sobre la calle. Recorrían el barrio vendedores ambulantes de hierbas aromáticas, pescado, leche agria y quesos; traperos que recogían trastos viejos; mendigos y músicos callejeros. La estrechez de las calles ayudaba a combatir el calor en verano, al impedir que el sol penetrase en ellas. En estos barrios residenciales y tranquilos, todos sus habitantes se conocían, los adultos se detenían en la calle a conversar despreocupadamente, las mujeres se visitaban de casa en casa, se sabía todo acerca de todo el mundo, y las pequeñas noticias cotidianas pasaban en seguida de boca en boca. Muchas ciudades y pueblos de España conservan hoy barrios de época árabe, entre otras Toledo, Teruel, Córdoba, Granada, Sevilla, Ronda.

Tienda del Zoco en el barrio de la Judería de Córdaba.

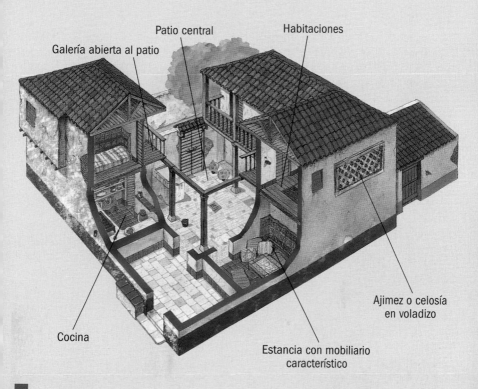

Galería abierta al patio

Patio central

Habitaciones

Ajimez o celosía
en voladizo

Cocina

Estancia con mobiliario
característico

La casa con patio

Las casas acomodadas de al-Ándalus tenían un patio interior con fuente y pozo, centro de la vida familiar. La puerta de entrada se abría a un pasillo en recodo, a fin de no permitir que se viera desde la calle el interior de la casa. Las habitaciones daban al patio, con escasas o nulas ventanas al exterior. El salón recibidor, con artesonado de cedro policromado, podía estar situado tanto en el piso inferior como en el superior.

En general, no siempre había cocina; se solía cocinar sobre un brasero de barro con carbones, que podía disponerse en el patio o en cualquier habitación. Tampoco había comedores ni dormitorios propiamente dichos: un cuarto servía a la vez de sala de es-

tar o comedor durante el día y de dormitorio por la noche. A este fin, unos divanes a lo largo de los muros hacían las veces de sofá o de cama, según las horas. En cuanto a la higiene, las casas de cierta categoría contaban con un *hammam* o baño de vapor, que podía ocupar tanto un rincón del piso bajo como de la azotea.

Hasta cierta altura y a fin de evitar humedades, los muros estaban recubiertos de azulejos que formaban intrincados dibujos de geometrías entrelazadas. Los marcos de puertas y ventanas de los salones se adornaban con yeserías labradas que formaban complejos diseños entrecruzados o con citas coránicas en caligrafía.

3 La vida familiar

La familia hispanomusulmana se basaba en el patriarcado (el padre de familia tenía poder sobre la esposa, los hijos e, incluso, los servidores) y la poligamia (derecho a tener más de una esposa). Según la ley musulmana, todo varón podía tener hasta cuatro esposas legales, pero esto solo sucedía, en realidad, entre las clases altas. Los hombres pobres eran monógamos por necesidad, pues no tenían dinero para mantener a más de una esposa.

1. El matrimonio

Los nobles y los príncipes hispanomusulmanes podían tener, además de la esposa o esposas legales, concubinas esclavas; algunas de ellas eran de origen cristiano, convertidas al islam. El número de estas concubinas podía llegar a ser muy extenso, pero solo las que daban un hijo varón al sultán alcanzaban el codiciado título de «princesas madre», que les daba derecho a tener fortuna personal y a emanciparse al morir su señor. Las demás, cuando moría el sultán, pasaban a depender del nuevo monarca. También en las clases inferiores eran comunes los matrimonios mixtos con cristianas, teniendo ellas que convertirse antes al islamismo. No obstante, los hombres pobres no solían tener más de una o, a lo sumo, dos esposas.

En todas las clases sociales, antes de la boda se discutía para fijar las condiciones del contrato matrimonial, por el que el novio se comprometía a pagar una dote a su futura esposa. Esta, a su vez, debía aportar el ajuar: ropa de casa y vestidos, más joyas y tapices entre los nobles.

Grupo de moriscos en Alhama de Granada. Grabado de finales del siglo XVI, de Frans Hogenberg.

El contrato se firmaba ante dos testigos, y la fecha de la boda se fijaba tras consultar a un astrólogo, quien debía determinar un día propicio para el enlace. Los festejos duraban una semana entera. Se iniciaban en casa de la novia y proseguían en la del novio, tras ser ella conducida allí, en medio de un cortejo de familiares y músicos.

2. La condición de la mujer casada

En general, en el mundo musulmán, la mujer, una vez casada, no podía enseñar su rostro descubierto, salvo al marido y a parientes cercanos. Sometida por completo a la autoridad del marido, llevaba, a partir de entonces, una vida de cierta reclusión en el hogar.

La mujer de posición humilde trabajaba en casa, hilando o tejiendo para la familia. La mujer de posición elevada también salía poco. Dedicaba gran parte de su tiempo a su aseo personal y recibía la visita de sus amigas o de algún vendedor. Al menos una tarde por semana iba a los baños públicos, donde se reunía con las amigas y merendaban juntas. Los viernes iba a la

Ilustración del manuscrito andalusí que cuenta las venturas y desventuras amorosas de Bayad y Riyad. La narración es un buen ejemplo para conocer la condición de la mujer en la sociedad hispanomusulmana.

mezquita y después, a veces, al cementerio. Solo en los días de fiesta canónica salía con la familia de excursión al campo. Cuando el marido celebraba un banquete en la casa, las mujeres no participaban en él; solo se permitía la presencia de las esclavas cantoras y bailarinas.

Pero al-Ándalus estaba muy lejos del Oriente, cuna del islam. Aquí, la cultura árabe, que tanto aportó a España, también recibió mucho, a su vez, de esta. Por influencia de la cultura cristiana –con fuertes raíces hispanorromanas–, se fueron suavizando algunas normas sociales musulmanas.

Así, la mujer gozaba en al-Ándalus de mayor libertad que en el resto del mundo islámico, al menos en la clase social alta. En época de Taifas hubo mujeres cultas que se distinguieron como poetisas y llevaron una vida bastante independiente.

También las mujeres con posición social elevada acudían a estudiar a las universidades. Algunas de estas mujeres ricas, solteras o viudas, se dejaban cortejar en los cementerios, donde los días de fiesta se organizaban

Mujeres de Argel,
de Eugène Delacroix.

Las mujeres de al-Ándalus

Hubo mujeres que se distinguieron como filósofas, musicólogas, poetisas o astrólogas; como técnicas en astrolabio o en geometría, en métrica, en literatura y en caligrafía. En el campo, la mujer llevaba una vida plenamente activa. En la ciudad, ejercía los oficios de vendedora, peluquera, cantora, artesana de la seda, hilandera, educadora, vidente, etc.

Patio de los Leones, de la Alhambra. Es la parte privada o harén del palacio.

verdaderas romerías. Incluso, a partir del siglo XII, ni siquiera se respetó escrupulosamente la costumbre del velo, siendo corriente ver mujeres por la calle con la cara descubierta.

Parece que la influencia de las cortes de los reinos Taifas en el siglo XI, y luego de los almorávides, contribuyó también a esta gradual liberalización de la condición de la mujer hispanomusulmana. La razón de ello podría ser que, en la cultura de origen de estos pueblos bereberes, la mujer tuvo desde antiguo un papel más destacado tanto en la vida familiar como social.

Como en el resto del mundo de religión musulmana, la mujer casada tenía derecho, cuando el marido la trataba mal o le hacía poco caso, a solicitar el divorcio ante la justicia. En caso de serle concedido, la ley fijaba unos plazos legales para la separación, y la mujer podía llevarse consigo su ajuar.

El mundo de la mujer se diferenciaba del mundo masculino ya desde la adolescencia. Las mujeres tenían sus espacios propios, tanto dentro del hogar como en la ciudad, donde desarrollaban sus ocupaciones, sus costumbres y sus rituales, y donde, también, se confabulaban entre ellas a espaldas de los hombres.

3. La familia

La familia media se componía de seis miembros. En las clases elevadas, las familias eran mucho mayores y crecían cada año, pues había más mujeres en la casa, entre esposas y concubinas. En general, los hijos varones no abandonaban el hogar paterno al casarse. Permanecían en él con la nueva esposa, que ayudaba en las labores comunes de su nueva casa, así como con la creciente descendencia. Esto posibilitaba reunir fondos generales para la financiación de toda la familia. Los ancianos, pues, nunca quedaban desatendidos. Así, la vida familiar era siempre bulliciosa, a veces también conflictiva, sobre todo en las casas corrientes, debido a lo reducido de su espacio.

Al nacer un niño se le colgaban amuletos supuestamente benéficos y, al séptimo día, se le daba el nombre. El primer acto social importante del varón hispanomusulmán era la circuncisión. Se solía reunir a niños del mismo nivel social para circuncidarlos en una fiesta común. Entre la aristocracia era también costumbre que el niño de la casa convidara a algunos niños pobres a un almuerzo para celebrar la circuncisión.

Tela andalusí de seda para almohada, con la representación de un hombre y una mujer. Es de época almohade.

4. La educación primaria

Había dos ciclos de educación: primaria y superior. La primaria se impartía en pequeñas escuelas, que existían incluso en los pueblos. La segunda se daba en las grandes mezquitas.

La educación comenzaba en la escuela coránica, donde los niños aprendían a leer y escribir con el Corán y con ejemplos de cartas. Aprendían también unas nociones de cálculo y algo de gramática. El material escolar consistía en unas tablillas de madera pulimentada, sobre las cuales escribían con cañas afiladas mojadas en tinta, pudiendo borrar lo escrito con solo pasar un paño húmedo sobre la madera.

Se estudiaba también poesía clásica árabe, a fin de dotar al alumno de un lenguaje rico. En general, al menos en las familias medias, los jóvenes andalusíes sabían leer y escribir, y tenían además una cultura general. Se dice, por ello, que había poco analfabetismo en al-Ándalus.

Al no estar pagados los educadores por el Estado, los padres de los alumnos hacían un trato con el profesor por un año, pagándole parte en moneda y parte en especie (alimentos, fundamentalmente).

A la derecha, tablilla escolar en árabe, Blibioteca Nacional, Madrid.

5. La alimentación

La alimentación variaba mucho según la posición social de cada familia. La base, desde luego, era el trigo. En cada familia, el ama de casa, o la criada de los hacendados, confeccionaba su propio pan, según una receta heredada de generación en generación, que se llevaba a cocer a la tahona u horno público más cercano. Entre las familias humildes, la carne era un lujo reservado a las fiestas religiosas. En invierno tomaban sopas de sémola u otras féculas con carne picada. El plato más popular era una papilla de carne picada y trigo cocidos con grasa. Eran también corrientes los purés de lentejas, de habas y garbanzos, y las sopas de verduras con especias. Comían en escudillas de loza con simples cucharas de palo. En verano eran muy aficionados a las ensaladas y entremeses fríos, con salsas picantes, y a la fruta, que abundó siempre en al-Ándalus. Tenían también mucha afición al pescado, sobre todo en escabeche, y lo tomaban en cualquier época del año.

En la clase alta, la cocina era un signo de refinamiento, siempre en busca de novedades. Existían ya libros de cocina con recetas. A principios del siglo IX, reinando Abderramán II, el gran músico Ziryab, originario de la corte califal de Bagdad, introdujo el arte de la ornamentación de los platos y el orden en que debían servirse, refinamientos desconocidos todavía en la tosca Europa del medievo. También aportó Ziryab la costumbre de beber en copas de vidrio, prefiriendo estas a los antiguos vasos de oro y de plata, y la decoración de la mesa con manteles de cuero fino, en lugar de lino burdo, como se hacía en Europa. También llegaron por entonces muchas recetas de la cocina iraquí, como las albóndigas de carne y algunos postres que se han conservado entre nosotros como dulces típicos de Navidad.

En invierno, la gente acomodada comía carne en abundancia: cordero lechal y cabrito. El alcuzcuz, plato típico a base de sémola y carne de cordero, no llegó a la Península hasta la época almohade, a principios del siglo XIII.

Aben Firnas

Nacido en Ronda en el siglo IX, este científico, músico y poeta, dominaba la agricultura, la medicina, la física, la química, la tecnología, la astrología y la magia. Fue el primer hombre de la historia que hizo un intento científico de volar, (en Bagdad, Irak, hay una estatua dedicada a Firnas por este hecho).

Aben Firnas introdujo y perfeccionó en al-Ándalus la ya casi olvidada técnica, originada en el antiguo Egipto, de la talla del cristal de roca. Su hallazgo convirtió a al-Ándalus en productor y exportador de cristalería. Aunque, por entonces, no se usaban aún cubiertos para comer, ni siquiera entre las clases altas, se fue extendiendo desde entonces el uso del cristal en las mesas.

Plato de cerámica azul, de Granada.

Juguetes de época nazarí. Al igual que hoy día, los niños jugaban con objetos que simulaban los de los adultos.

Les gustaban los pinchos de carne a la parrilla y las salchichas picantes. Entre los platos más refinados de su cocina se contaban los hojaldres rellenos de carne picada de pichón con pasta de almendra, así como los pasteles de queso perfumado con agua de rosas; pasteles fritos de almendra, azúcar y almizcle; tortas de mantequilla o de piñones y nueces, una especie de turrón; pasteles de avellana y miel. Muchos de estos platos y dulces permanecen aún en muchas regiones españolas.

En todas las clases sociales se cocinaba con muchas especias (jengibre, azafrán, cilantro, canela, comino, pimienta) y se consumía gran cantidad de arroz (cuyo cultivo difundieron los árabes emigrados a España), así como fritos rellenos de verduras. Un postre muy popular era la golosina que llamaban almojábana: torta frita de queso blanco con canela y miel (que pervive en algunas partes de España y en varios países hispanoamericanos).

Las bebidas más comunes eran el agua aromatizada con esencia de azahar o de rosa; la leche; jarabes de membrillo, manzana, granada, limón, y horchata. A pesar de la estricta prohibición incluida en el Corán, los hispanomusulmanes consumían vino, con independencia de su condición social. La poesía arábigo-andaluza ofrece numerosos ejemplos de esta costumbre. España era, desde antiguo, productora de vino, así que también en esto influyó la cultura cristiana sobre los musulmanes de al-Ándalus.

Para comer fuera

En las ciudades había pequeñas tabernas donde se podía comer barato, y también puestos ambulantes, instalados en cualquier esquina, que ofrecían, a cualquier hora del día o hasta bien entrada la noche, fritos, arroz blanco, garbanzos cocidos, sopa, dulces, frutas o quesos.

6. Los deberes religiosos

Las familias musulmanas españolas respetaron siempre sus deberes religiosos. La religión sirvió para unir a la variedad de razas de la sociedad hispanomusulmana. Los varones tenían obligación, siempre que no se lo impidieran sus ocupaciones, de acudir cuatro veces diarias a la mezquita. La mujer, en cambio, cuyo principal deber era cuidar del hogar, solo iba a la mezquita los viernes, día festivo en el que era obligada la oración, a mediodía, en la mezquita mayor. La concentración de un número cada vez mayor de fieles musulmanes en la Gran Mezquita de Córdoba hizo necesarias sucesivas ampliaciones del templo, hasta acabar en sus colosales dimensiones actuales, tras la última ampliación realizada por Almanzor en el siglo X. Los viernes, el propio sultán, en su calidad de príncipe de los creyentes, dirigía el rezo en la mezquita mayor.

Pero la mezquita era mucho más que un simple lugar de culto. Era también un centro de reunión social para los hombres, donde se divulgaban los edictos del gobierno y las principales noticias, además de corte de justicia y universidad.

Oratorio del palacio de la Aljafería, Zaragoza.

7. Los entierros

Los entierros eran bastante sencillos en todas las clases sociales. Cuando moría un miembro de una familia pobre, las mujeres de la casa se untaban la cara con hollín y gritaban y se lamentaban exageradamente. En las familias acaudaladas se pagaba a plañideras para hacer lo mismo. El cadáver, amortajado con una sencilla tela blanca, era conducido al cementerio en parihuelas, seguido por un cortejo compuesto únicamente por hombres. Hasta el siglo XI, el color de luto fue el blanco, pero en época de Taifas pasaron a serlo el negro y el azul oscuro.

Los cementerios eran austeros y estaban plantados de palmeras, cipreses y olivos. El cadáver era depositado, de costado y con el rostro mirando en dirección a La Meca, en una estrecha fosa sobre la que se ponía una sencilla lápida estrecha o una estela. Los nobles construían a veces, sobre las tumbas de sus fallecidos, una pequeña capilla a la que rodeaba un jardín acotado.

Tanto en el interior de la ciudad como en el campo había zagüías, pequeñas ermitas blancas donde estaba enterrado algún hombre santo o asceta. Estos eran lugares muy venerados por el pueblo.

Lápida funeraria de Saqbur, primer rey taifa de Badajoz, año 1022.

Novedades culinarias

Los inmigrantes de origen árabe adaptaron en la Península el cultivo de nuevas verduras y legumbres que transformaron los hábitos alimenticios de los andalusíes y nos dejaron su herencia. Una gran variedad de especias enriquecieron además la alimentación, como la canela (originaria de China), el azafrán de Persia, el comino, el jengibre, la pimienta, el sésamo o ajonjolí, el cilantro, la nuez moscada, la albahaca y el anís. Estas especias, una vez aclimatado su cultivo en al-Ándalus, empezaron a exportarse al resto de Europa y al norte de África. La repostería, por supuesto, conoció innovaciones sin precedentes: polvorones, mazapanes, almendras garrapiñadas, buñuelos fritos y otros dulces a base de frutos secos rociados de miel y agua de azahar o de rosa (nuestros actuales turrones). Otra novedad fueron los sorbetes (del árabe *xerbet):* en los tórridos veranos se aliviaba la sed mezclando agua fría o hielo (procedente de los neveros de las sierras) con esencias de frutas o de flores.

La poetisa Wallada

En al-Ándalus hubo mujeres portentosas que lucharon por sus derechos y libertades. La cordobesa Wallada (994-1091) fue una de ellas. Era hija del califa de Córdoba, Muhammad III, y llevó una vida liberada no exenta de dificultades por ese mismo motivo. Gran escritora y poetisa, dedica gran parte de su obra a los amores con el también poeta andalusí Abenzaidún, o Ibn Zaydún.

Cuando caiga la tarde, espera mi visita

pues veo que la noche es quien mejor encubre los secretos.

Siento un amor por ti que, si los astros lo sintiesen,

no brillaría el sol

ni la luna saldría y las estrellas no emprenderían su viaje nocturno.

Tras la separación ¿habrá medio de unirnos?

¡Ay! Los amantes todos de sus penas se quejan.

Paso las horas de la cita en el invierno

sobre las ascuas ardientes del deseo,

y cómo no, si estamos separados.

¡Qué pronto me ha traído mi destino

lo que temía!

*Mas las noches pasan
y la separación no se termina,*

*ni la paciencia me libera
de los grilletes de la añoranza.*

¡Qué Dios riegue la tierra que sea tu morada

con lluvias abundantes y copiosas!

4 Vestidos, higiene y perfumes

El atuendo de los andalusíes evolucionó, lógicamente, con los siglos y fue reflejando influencias introducidas por los almorávides y los almohades. También se recibieron, paulatinamente, tendencias orientales que transformaron, por ejemplo, los peinados y los gorros. Como en toda sociedad y en toda época, hubo sus modas cambiantes.

1. La ropa de diario

Los hispanomusulmanes tenían algunas ropas que servían, a la vez, para hombres y mujeres, como los zaragüelles, un tipo de calzones anchos, sobre los que se ponían una camisa larga de algodón o de lino. Muchos vestían el albornoz de lana, especie de capa con capucha. Los hombres se cubrían la cabeza con gorros de lino o casquetes de fieltro. Las mujeres se vestían con mantos de colores vivos, ceñidos a la cintura, y se envolvían las piernas, como medias, con bandas de tela; llevaban siempre cubierta la cabeza con una pieza de tela.

En invierno, hombres y mujeres vestían, encima de la ropa, pellizas enguatadas o chaquetones de piel de conejo o de oveja. Se calzaban con babuchas –zapatillas de piel abiertas por el talón–, almadreñas o especie de zuecos, botas de piel de conejo en época fría y sandalias en verano. Muchos calzaban alpargatas con suela de esparto o de corcho.

La gente del campo vestía con mayor sencillez: túnicas de lana, camisas de algodón o sencillas sayas, sobre las que se ponían en invierno unos chalecos de piel de cordero. En verano, llevaban sombrero de paja de ala ancha. Los niños vestían una camisa y medias calzas de lana hasta la rodilla. Como los adultos, en invierno se calzaban botas, y en verano, alpargatas.

Traje de casa de las mujeres moriscas a principios del siglo XVI.

2. Influencias mutuas de cristianos y musulmanes

La vestimenta de los hispanomusulmanes influyó en los mozárabes, quienes copiaron diversas costumbres de aquellos, siendo frecuente que vistieran como ellos.

Pero también recayó su influjo en las cortes cristianas del norte de la Península: algunos reyes cristianos vestían a la usanza andalusí, mantenían harén y, en lugar de trono, se sentaban con las piernas cruzadas sobre almohadones. Pedro I de Aragón, por ejemplo, firmaba en árabe. Enrique IV de Castilla, padre de Isabel la Católica, vestía a lo «árabe», calzaba babuchas y se rodeaba de una guardia de musulmanes.

Por supuesto que también los andalusíes adoptaron costumbres de los cristianos del norte peninsular: sus guerreros, por ejemplo, se ponían sobre la cota de malla una capa corta al estilo de los guerreros cristianos.

En el siglo IX llegó a al-Ándalus el músico Ziryab, ya mencionado, quien introdujo la moda de Bagdad. Promulgó, además, un calendario de la moda, aconsejando el uso del color blanco para los meses de verano, la variedad de colores para la primavera y los tonos pardos para el otoño y el invierno. Estas influencias perduraron hasta finales del siglo X.

Familia de moriscos del Libro de vestidos del viaje en España y los Países Bajos, *de Christoph Weiditz, 1529.*

3. Los tejidos de lujo y los gorros

En el siglo IX, los Omeyas emprendieron, copiándola de Oriente, la industria del *tiraz:* confección de trajes de gala con brocados y albornoces de lujo para la aristocracia. Estos trajes los regalaba el emir a personajes importantes, con ocasión de las grandes fiestas y audiencias reales. Con frecuencia, llevaban bordado el nombre del emir o del califa reinante.

En al-Ándalus había una seda de excelente calidad, cuya elaboración fue posible al iniciarse el cultivo de la morera y la cría de gusanos de seda en tiempos de Abderramán II, conocimientos que fueron traídos por mercaderes árabes desde China. Como complemento de estos espléndidos vestidos se usaban diversos tocados: gorros de brocado y otros cónicos de terciopelo bordado o adornados con pedrería.

El turbante tardó en entrar en España. En época de los Omeyas, su uso estaba reservado a los hombres de leyes. No se popularizó hasta principios del siglo XI, en tiempos de los Taifas, y después se usó intermitentemente en distintas épocas. En tiempos del reino nazarí de Granada, el turbante fue muy popular, y siguió siéndolo después entre los moriscos, hasta que las autoridades cristianas prohibieron su uso, con objeto de desarraigar las costumbres musulmanas y judías de España.

Detalle de las pinturas de la Sala de los Reyes, de la Alhambra; en ellas se aprecia la suntuosidad de los trajes de los poderosos.

4. El peinado

También el peinado evolucionó con el tiempo. Al principio se llevaban cabellos largos con raya en el centro, cayendo a ambos lados hasta los hombros. Pero, una vez más, se dejó sentir la influencia innovadora de Ziryab, que transformó la moda del peinado.

El nuevo estilo consistía en llevar el cabello, tanto hombres como mujeres, corto y redondeado, dejando a la vista las cejas, las orejas y la nuca. Esta moda del flequillo, procedente de Oriente Medio, fue primero adoptada, como solía suceder, por los cortesanos próximos al sultán. No obstante, pronto fue imitada por las clases inferiores que aspiraban a parecerse a los personajes distinguidos.

El ideal de belleza femenino no fue tampoco siempre el mismo durante la larga historia de al-Ándalus. Según la poesía arábigo-andaluza, el ideal clásico fue la mujer morena con cabello muy largo.

En los siglos IX y X, el ideal femenino era la mujer con el pelo corto, como lo fue también en distintas épocas de los reinos de Taifas. Por fin, en la Granada de los reyes nazaríes gustaba la mujer con larga y espesa melena.

Los hombres solían llevar barba, sobre todo los soldados. Muchos sultanes españoles se teñían el pelo y la barba de color anaranjado con alheña. Había barberos en los baños públicos, mientras otros trabajaban en plena calle o a domicilio.

5. La mujer y las joyas

La mujer andalusí, en todas las épocas, fue muy aficionada a las joyas. Aparte de los orfebres musulmanes, había buenos orfebres judíos.

Las mujeres de alta sociedad llevaban collares de perlas o de piedras preciosas, pendientes, brazaletes, pulseras en los tobillos, diademas, fíbulas, pectorales y broches, fabricados todos ellos de plata y oro con piedras preciosas engastadas.

Los poetas y la belleza femenina

Los poetas de al-Ándalus dedicaron extensos poemas a la belleza de la mujer andalusí. Así describía Almutamid, sultán de Sevilla, a su favorita: «Es antílope por el cuello, gacela por los ojos, jardín de colinas por el perfume y arbusto de suelo arenoso por el talle».

La belleza femenina era, además, ensalzada por las joyas. Los orfebres musulmanes y judíos se inspiraron al principio, para sus diseños, en alhajas traídas de Oriente. Más tarde, la orfebrería fue un arte por sí mismo en al-Ándalus y todavía perdura.

En el siglo IX, Abderramán II compró a mercaderes árabes alhajas procedentes de los palacios de Bagdad, que habían sido robadas en una reciente guerra civil. Entre ellas adquirió, por 10 000 dinares de oro, un famoso collar, llamado el Dragón, que perteneció a una esposa del legendario califa Harún al-Rashid, mencionado en diversos cuentos de *Las mil una noches*. Este collar, que el emir regaló a su favorita del momento, se hizo famoso en la Península.

En época de Taifas, las concubinas reales preferían la cornalina, el crisólito, el topacio y las esmeraldas para adornarse. Las mujeres de categoría inferior usaban adornos de plata y, muchas veces, alquilaban joyas para las fiestas familiares.

Era muy apreciada una clase pequeña de perla que llamaban aljófar, cuyo nombre aparece a menudo, como metáfora poética, en la poesía arábigo-andaluza. Todas estas joyas se guardaban en arquetas de marfil y en pequeños cofres de marquetería. (ver pág. 72).

Arriba, par de pendientes de oro andalusíes del siglo XI. Museo Metropolitano de Nueva York.

6. Los baños

Los andalusíes eran tan amantes de la limpieza que se decía de ellos que antes gastaban su última moneda en jabón que en una hogaza de pan. Sin duda, la obligación religiosa de lavarse antes de orar en la mezquita debió de ser causa de esta afición a la higiene. Eran extraordinariamente pulcros en sus ropas y en su persona. En las casas modestas se lavaban con un simple aguamanil, mientras que las grandes casas disponían de auténticas bañeras de mármol o de piedra, e incluso de lujosas termas.

Sala templada de los baños andalusíes de Alí en el Palacio de Villardompardo (Jaén), siglo XI, primeras Taifas.

El hammam

Los andalusíes, a diferencia de los europeos, dedicaban tiempo a su aseo personal. El *hammam* empezaba con un baño de vapor en la sala caliente, de donde se pasaba a la sala templada, para acabar en la sala fría. El cliente podía contratar a un empleado para que le frotara la piel con una especie de estropajo, y luego le diera masaje. Tras la caída de Granada, los moriscos mantuvieron esta costumbre, pero los teólogos cristianos españoles del siglo XVI se escandalizaban de que se bañasen medio desnudos aun en invierno, lo que consideraron pecaminoso. Felipe II acabó por cerrar todos los baños públicos.

Se han conservado los magníficos baños del palacio real de la Alhambra, hoy restaurados, con sus muros revestidos de azulejos, sus pilas de mármol y sus columnas y frisos policromados.

Para quienes no tenían a su alcance estas facilidades, había baños públicos o *hammam* en todas las ciudades. Se calcula que Córdoba tenía, en el siglo X, unos seiscientos baños públicos. Estos eran, por supuesto, herencia de las antiguas termas romanas, aunque con arquitectura y decoración diferentes.

Los había lujosos y modestos, caros y baratos. Funcionaban por la mañana para los hombres y por la tarde para las mujeres, o bien según los días de la semana. A la entrada tenían la taquilla y las letrinas, dispuestas estas sobre un canal por el que circulaba agua. Después había un vestíbulo y un guardarropa, donde unos empleados se ocupaban de ordenar y guardar las ropas de los clientes.

El baño en sí comprendía una sala fría, otra templada y otra caliente. El personal se componía de mozos y masajistas. Se podían alquilar toallas o comprar tierra de batán para lavarse el pelo. Sus techos abovedados tenían luceras o ventanucos en forma de estrella, cubiertos por vidrios de colores que podían abrirse o cerrarse y que daban una iluminación tenue y acogedora. Unas conducciones interiores de arcilla caldeaban las paredes con el agua procedente de la caldera. Además, los empleados salpicaban frecuentemente los suelos con agua para producir vapor.

Los baños más elegantes estaban decorados con frescos y con estatuas romanas de mármol. Unos baños públicos hallados en Jaén, excelentemente restaurados, dan idea de la importancia del baño en la España musulmana, cuando la higiene escaseaba en la Europa cristiana.

Los baños servían, además, de lugar de reunión. En medio de su ambiente abarrotado y ruidoso se discutía de política y de cotilleos sociales. No faltó tampoco algún asesinato político en los baños públicos. En el año 1002, un jefe árabe llamado Alí, que había tomado la ciudad de Córdoba, estaba un día en un baño cuando fue asesinado por tres vasallos de su enemigo el sultán Alhatan

Baños andalusíes de Ronda (Málaga). El baño, de los siglos XIII-XV, cuenta con tres salas cubiertas con bóvedas de cañón horadadas con tragaluces estrellados.

7. Los perfumes

En los baños, las mujeres eran atendidas por personal femenino. Las señoras elegantes se depilaban en los baños, se hacían rociar el cabello con aceites perfumados, se cuidaban la piel con ungüentos especiales.

Algunas de estas costumbres fueron introducidas también por Ziryab en Córdoba, donde fundó una especie de instituto de belleza, al que iban las cordobesas distinguidas para aprender a utilizar afeites, desodorantes, pastas depilatorias y pastas dentífricas para frotarse la dentadura con ayuda de unos bastoncillos de palo.

Había cosméticos para dar color al rostro, como el rojo arrebol (carmín), y otros para blanquear, como la cascarilla (obtenida de la cáscara del huevo).

Después del baño, la costumbre era perfumarse. Como herederos de los gustos árabes, los hispanomusulmanes tenían gran afición por los perfumes. Les gustaban los perfumes de tipo oriental, dulces y espesos, como el ámbar gris y el ámbar natural desmenuzados.

Eran comunes también la algalia, el ámbar negro y los aceites perfumados. El almizcle lo usaban en forma de esencia líquida o de piedra blanca, que guardaban en un saquito y lo colgaban del cuello bajo la ropa. Usaban también esencias de flores, como rosa y violeta, y esencias de limón y de sándalo. Para conservar los perfumes tenían pequeños frascos y vejigas de vidrio teñido.

Las mujeres distinguidas dedicaban gran parte de su tiempo al aseo de su persona. Tenían en sus habitaciones tocadores abarrotados de frascos y estuches con ungüentos y lociones, además de cepillos y peines de marfil. Se pintaban las uñas con alheña y mascaban goma perfumada para aromatizarse el aliento.

Entre los andalusíes, el perfume era signo de distinción, según demuestra una anécdota del emir omeya Alhakem I, quien un día, en medio de una batalla, pidió a su paje que lo perfumara con algalia para que, en caso de morir durante el combate, su cabeza se distinguiera entre las de sus soldados.

Abajo, esenciero de plata andalusí. Época califal, Lucena (Córdoba).

El aseo de las mujeres andalusíes

Mientras las mujeres europeas de la Edad Media tenían escasos hábitos higiénicos y se lavaban con poca frecuencia, la mujer hispanomusulmana dedicaba largas horas a bañarse, depilarse y perfumarse. Muchos perfumistas trabajaban en plena calle, sentados sobre una alfombra. Cuando un cliente les pedía un perfume o una loción, ellos lo preparaban a la vista. Pero los perfumistas proporcionaban, además, medicamentos y artículos de magia. En sus tiendas se mezclaban los perfumes con pociones mágicas, ungüentos y aceites medicinales, además de artículos de brujería, como pájaros disecados, pieles de serpiente, garras de aves, etc.

5 Máquinas e inventos

La cultura andalusí transformó gradualmente la ciencia y la técnica en toda España. La expansión del imperio islámico y las relaciones comerciales que este mantenía con el Extremo Oriente hicieron evolucionar a la civilización islámica. Como al-Ándalus estaba en relación constante con el mundo árabe, se benefició también de todos los adelantos técnicos que introdujeron en el Oriente Medio los califas abasíes de Bagdad.

1. Ingenios hidráulicos

Al-Ándalus era una tierra fértil, pero con grandes zonas secas difícilmente cultivables. Los andalusíes, expertos agricultores, perfeccionaron el sistema romano de riego. Aunque seguían usando algunos adelantos introducidos antiguamente por los romanos, como el rastrillo y el arado, tirados por bueyes, en el siglo X hicieron un descubrimiento que les permitió convertir amplias zonas en ricos regadíos: la utilización de las aguas subterráneas. Cuando el agricultor adivinaba dónde había una corriente subterránea, cavaba un pozo para guiarla, por túneles subterráneos, hasta los campos de cultivo, situados más abajo para que el agua fluyera por su propio peso.

Para extraer agua de los ríos construían grandes ruedas hidráulicas accionadas por la propia corriente. De los pozos sacaban el agua con norias movidas por asnos y con unos elevadores que tenían un cubo en un extremo y un contrapeso en el otro, llamado cigoñal (cigüeñal en Castilla y León) y muy usado en España hasta hace un par de décadas. El agua así recogida se vertía en albercas o estanques, desde donde la distribuían pa-

Noria y molino de la Albolafia sobre el río Guadalquivir en Córdoba. La noria elevaba el agua hacia un acueducto que la dirigía hasta el palacio de los Emires; fue construida en el siglo XII. Lo que vemos aquí se trata de una reconstrucción. El molino originario fue mandado construir por Abderramán I en el siglo VIII; posteriormente tuvo numerosas modificaciones.

Importancia del agua

En la tradición islámica, el agua era considerada como un don divino. «¿No has apreciado –se dice en el Corán– que Dios hace descender el agua del cielo? Gracias a ella, la tierra se cubre de verde al día siguiente». En la Península, los árabes se sirvieron de los sistemas romanos de irrigación ya existentes, que encontraron bastante deteriorados, perfeccionándolos con técnicas orientales, como las acequias o canales de irrigación. El agua, aparte de ser esencial para la agricultura, lo fue también como elemento decorativo en jardines y parques, presente en albercas, fuentes, canales y surtidores que refrescaban el ambiente. En medio del vergel, el agua creaba juegos de luces y espejos donde se reflejaban quioscos de mármol entre el follaje. Era tal su importancia que había funcionarios encargados de velar por el reparto equitativo del agua en el campo (origen del Tribunal de las Aguas de Valencia).

ra los regadíos por medio de acequias o canales. Otro importante descubrimiento fueron los pozos artesianos: según la inclinación del terreno, el agricultor cavaba un pozo más o menos profundo y el agua subía a la superficie por sí sola.

Para llevar el agua potable a sus ciudades aprovecharon los acueductos romanos existentes y construyeron otros nuevos, de ladrillo, cuyos canales se revestían de betún para hacerlos impermeables.

Uno de ellos proporcionaba agua a Córdoba, donde era almacenada en grandes aljibes o depósitos en la parte alta de la ciudad. Por su propio peso, la fresca agua de la serranía fluía por tuberías de arcilla subterráneas hasta brotar, allá por el siglo X, en seiscientas fuentes públicas, donde las mujeres la recogían en cántaros de cerámica para llevarla a sus casas.

2. Otras aplicaciones hidráulicas

Gracias a esta tecnología, los agricultores andalusíes pudieron aclimatar nuevos cultivos, como ael arroz, el azafrán, la caña de azúcar, el naranjo, el limonero o la morera (esta posibilitó la industria de la seda).

Pero la energía hidráulica tenía también otros usos, como moler grano en los antiguos molinos de agua a orillas de los ríos. Inventaron, además, un tipo de molino móvil, montado en una balsa, que podían trasladar fácilmente a donde más corriente hubiera.

Los árabes y norteafricanos aprendieron (y trajeron a al-Ándalus) sus conocimientos de hidráulica de libros griegos de Arquímedes y Herón de Alejandría, y los aplicaron también a otros campos, como la construcción de relojes de agua (clepsidras). Hubo uno famoso en Toledo, consistente en dos pilas de mármol entre las que el agua se trasvasaba por sí sola, según las fases lunares.

Otra ingeniosa aplicación hidráulica eran los autómatas (figuras movidas por resortes que eran accionados por agua). Se usaban como adorno en los jardines, o como mudos sirvientes para escanciar bebidas.

Arriba, molino andalusí en el río Guadalquivir. En la página anterior, fuente del siglo XI, la Fontanilla, en Paterna del Campo (Huelva).

3. Molinos de viento, frigoríficos, prensas y carretillas

Los andalusíes construían también molinos de viento con velas de barco que hacían girar un eje vertical, el cual movía, a su vez, la piedra para moler el grano. En los lugares de montaña, conservaban la nieve apisonándola dentro de grandes fosas, que servían como frigoríficos. Los mercaderes la recogían allí para llevarla a vender a las ciudades. En las almazaras o molinos de aceite, molían la aceituna con un tipo de prensa a rosca, movida por una mula que daba vueltas en torno a un eje central.

Los albañiles tenían moldes para fabricar adobes y ladrillos de barro cocido, que se dejaban secar al sol y luego, los segundos, se pasaban al horno. Como las calles eran muy estrechas, solo permitían el paso de carros pequeños para transportar material de construcción, pero los andalusíes tenían para ello, además, un sencillo instrumento de origen chino: la carretilla.

Detalle de una página miniada del Canon de Medicina, *de Avicena, con una escena de farmacia, siglo XIV.*

4. La medicina

Una de sus ciencias más avanzadas era la medicina. Los médicos andalusíes conocían las obras de Galeno e Hipócrates, y sabían diagnosticar acertadamente muchas enfermedades.

Sus cirujanos tenían instrumentos quirúrgicos con los que practicaban operaciones muy adelantadas para su tiempo. Antes de operar, desinfectaban sus instrumentos y narcotizaban al paciente para evitarle dolores. Luego cosían la herida con hilos finos elaborados con intestinos de animales.

Médicos como los persas al-Razi y Avicena y el cordobés Averroes diseccionaban cadáveres para conocer los músculos del cuerpo humano, los huesos y las venas.

Conocían también la circulación menor de la sangre, teoría que expuso Aben Nafis en el siglo XIII y que fue olvidada después en la España reconquistada, hasta que volvió a descubrirla, tres siglos más tarde, el español Miguel Servet.

En al-Ándalus, muchos médicos trabajaban en hospitales, institución que los árabes habían copiado de los hindúes y que pasó a la Península. Sus hospitales tenían dependencias para los enfermos, la enseñanza, la farmacia y la administración, y huertos para el cultivo de plantas medicinales. Como trabajaban en ellos hasta veinte médicos a la vez, la experimentación en equipo hizo ampliar el número de drogas conocidas hasta entonces. También había una primitiva medicina social, pues los palacios de los sultanes tenían sus propias farmacias, donde se distribuían medicamentos gratuitamente entre los pobres.

Debido al prestigio de la medicina de al-Ándalus, algunos personajes cristianos venían a tratarse con médicos musulmanes o judíos. El caso más conocido es el del rey de León, Sancho el Craso, quien viajó a Córdoba en tiempos del califa omeya Abderramán III para curar su obesidad con el gran médico judío y visir Hasday ben Saprut.

No tenían, sin embargo, microscopios, aunque sí fabricaban lentes de aumento (planas por un lado y

Medicina morisca

Durante el siglo XVI no se permitía a los sanadores moriscos ejercer la medicina con cristianos, por temor a que les indujeran a convertirse al islam. Dice una pragmática de la época: «Conviene al servicio de Dios y buen gobierno que a nuestros cristianos nuevos se les prohíba el curar y usar el arte de la medicina con cristianos viejos». Una anécdota demuestra, sin embargo, la superioridad de la medicina de los moriscos: reinando Felipe II, su primogénito y príncipe heredero (futuro Felipe III) fue desahuciado por los médicos cristianos a la edad de ocho años. Como última esperanza, el Rey hizo llamar a un conocido médico morisco de Gandía, Jerónimo Pachet, quien sanó, en efecto, al niño. A pesar de ello, Felipe III firmaría unos años después el decreto de expulsión de los moriscos.

Adelantos médicos

La medicina conoció un gran avance en al-Ándalus por medio de traducciones al árabe de obras griegas de Dioscórides, Hipócrates y Galeno. A partir de esos estudios, los médicos andalusíes se entregaron a la experimentación y contribuyeron al conocimiento del sistema nervioso. Abulcasís (936-1013) fue el padre de la cirugía moderna: inventó instrumentos quirúrgicos que aún hoy se utilizan; escribió, además, una obra en treinta volúmenes sobre medicina. Averroes (siglo XII) sugirió la existencia del síndrome de Parkinson y descubrió la capacidad de la retina para captar la luz. Avenzoar (siglo XII) describió la meningitis (inflamación de las membranas de los nervios), la tromboflebitis (inflamación de las venas) y ciertos tumores; fue el introductor de la disección de cadáveres, y contribuyó a la farmacología con un célebre tratado. Maimónides (siglo XII) describió ya ciertos desórdenes mentales, definió la rabia y los efectos de la belladona (una sustancia de este vegetal era utilizada para tratamientos oculares; también era usada como anestesiante por sus propiedades narcóticas). La medicina de al-Ándalus fue, así, la base de la medicina europea hasta bien avanzado el Renacimiento y contribuyó al desarrollo de la medicina como ciencia.

Musulmanes preparando una pócima medicinal con sustancias vegetales, en una ilustración de la obra en árabe De materia médica, *del médico griego del siglo I Dioscórides, donde se ha habla de las propiedades terapéuticas de las plantas.*

convexas por el otro), que utilizaban para estudiar la refracción de los rayos de luz en cámaras oscuras y, también, para encender fuego a la luz del sol.

Si el microscopio y el telescopio no nacieron entonces no fue, quizá, por falta de técnica, sino porque desconfiaban de lo que se veía a través de las lupas. En el siglo XV decía el poeta persa Chamí: «El cielo, que juega conmigo, me engaña con vidrios, tal y como hace con los niños».

5. La navegación

En época omeya había en Almería grandes astilleros para construir barcos, con máquinas que vertían betún ardiendo. Los almorávides de al-Ándalus construían naves mucho mayores que en épocas anteriores, gracias a la vela latina y al timón de codaste, que copiaron de los árabes orientales. Tenían líneas marítimas regulares en el Mediterráneo, y sus grandes embarcaciones llevaban ya botes salvavidas. Más tarde, los andalusíes empezaron a equipar sus naves con la mayor innovación náutica, la brújula, que importaron de los chinos.

Adelantos cartográficos

Los mercaderes árabes eran buenos navegantes y tenían profundos conocimientos geográficos, que aumentaron gracias a los viajes de los mercaderes y al precepto islámico de peregrinar a La Meca. Por ser este un viaje caro, al principio peregrinaban, sobre todo, los hacendados; más tarde lo hicieron también comerciantes y sabios. En La Meca se encontraban creyentes musulmanes procedentes de regiones lejanas, desde la Península Ibérica hasta la India, que intercambiaban sus conocimientos.

Los hispanomusulmanes conocieron así un invento chino para hacer cálculos geográficos: una cuadrícula que permitía calcular el tamaño y las distancias de los accidentes geográficos. Con este instrumento trazaban mapas y confeccionaban cartas náuticas, y delimitaron con exactitud las dimensiones del Mediterráneo. Estos mapas, que pasarían después a Europa, facilitaban sus largas travesías hasta las costas indias y chinas.

Miniatura de las Maqamat de al-Hariri, *del siglo XII, representando un barco árabe y viajeros musulmanes.*

El Idrisi, cartógrafo, geógrafo y viajero hispanomusulmán, (1100-1165) confeccionó en 1154 un gran mapamundi conocido como la Tabula Rogeriana *(orientado en sentido inverso al utilizado actualmente, el norte abajo y el sur arriba, aunque aquí lo vemos en el sentido actual).*

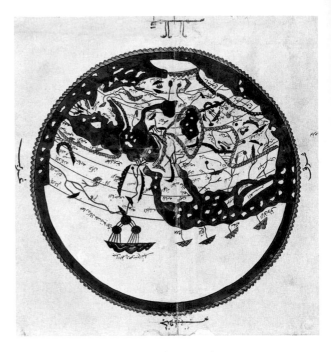

astrolabio

El toledano Azarquiel inventó un astrolabio, con engranajes móviles, y otro que reproducía los movimientos de los astros sobre una superficie única. Ya que los astrolabios permitían reconocer las estrellas, servían como guía para navegantes y viajeros. Gracias, a su vez, a los viajes de los mercaderes, los geógrafos musulmanes pudieron elaborar mapas donde figuraban los contornos de África, Asia y Europa. Conocían ya la existencia, por ejemplo, de los ríos Senegal y Níger, al sur del Sáhara, así como la cadena montañosa del Atlas, al norte del actual Marruecos.

6. Astrónomos y geógrafos

Los navegantes andalusíes llevaban también astrolabios para guiarse por las estrellas. Los astrolabios eran aparatos que se utilizaban para observar la posición de los astros y determinar su altura sobre el horizonte.

Los astrónomos de al-Ándalus trabajaban, como los médicos, en equipo, en grandes observatorios astronómicos donde construían astrolabios y esferas del mundo. Con ayuda de estos instrumentos elaboraban catálogos de estrellas, estudiaban trigonometría y calculaban la inclinación del eje terrestre, las órbitas de los planetas, las leyes de las mareas y el diámetro de la Tierra.

Curiosamente, sin embargo, parece ser que el descubrimiento de América lo posibilitaría un error del astrónomo árabe Alfarganí, quien redujo el valor de la milla, haciendo creer a Colón, siglos después, en la proximidad de Asia por el oeste. Desde luego, no hay ninguna prueba de que esto fuese así.

7. Alquimistas y alfareros

Los andalusíes tenían también conocimientos de química. Sus alquimistas fabricaban balanzas para medir las cantidades exactas de oro y plata necesarias para sus aleaciones. Sus laboratorios estaban equipados con mecheros de nafta, alambiques y hornos de doble recipiente. Con estos instrumentos descubrieron nuevas sustancias químicas, como los ácidos minerales y el salitre.

Estos conocimientos tenían su aplicación práctica en las fábricas de cerámica, donde los alfareros mezclaban cobre y plata con sulfuro, calcinándolos en sus hornos para obtener óxidos con los que decoraban la loza vidriada.

Cerámica vidriada

La industria del azulejo y la cerámica hispano-morisca nos han dejado abundantes muestras de un arte que aún hoy se conserva vivo en el Levante español. La loza vidriada o cerámica de reflejos, cuya fabricación se inició en Oriente Medio hacia el siglo IX, fue uno de los productos más refinados de esta industria. En el siglo XV se exportaba a Italia y a Flandes, donde era destinada a los banquetes de los nobles y príncipes europeos.

Azulejos de la Sala del Mexuar, de la Alhambra, Granada.

8. La tecnología bélica

Al-Ándalus estaba casi siempre en guerra, unas veces entre sí y otras contra sus vecinos cristianos del norte, por lo que también en la técnica bélica hicieron innovaciones. En las batallas, iniciaban sus ataques con un estruendo de tambores y trompetas que desconcertaba a la caballería enemiga, hecho que, por sí mismo, les proporcionó algunas victorias. Los andalusíes eran expertos en la fabricación de armas: en las fraguas de Córdoba y Toledo se forjaban las mejores armaduras para sus ejércitos. Construían también grandes máquinas de asalto, de madera, con las que resquebrajaban las sólidas murallas de las ciudades cristianas.

Cuando los mongoles conquistaron Bagdad, en el siglo XIII, y acabaron con el imperio de los califas abasíes, los árabes aprendieron de ellos el uso de la pólvora, a la que llamaban nieve china. La pólvora iba a transformar definitivamente la tecnología de la guerra. En tiempos de los almohades hicieron su aparición en al-Ándalus la pólvora y los primeros cañones, inventos también procedentes de China y que ya fabricaron los árabes en Oriente Medio desde mediados del siglo XIII. Se trataba de bombardas o tubos montados sobre un armazón con ruedas.

En al-Ándalus se emplearon por primera vez, posiblemente, como arma defensiva frente al asedio a Sevilla por parte de las huestes de Fernando III de Castilla, en 1248. Poco después volvieron a aparecer en el asedio

Lucha entre cristianos e hispanomusulmanes; asedio a un castillo cristiano. Detalle de la Cantiga *187 de Alfonso X; finales del siglo XII.*

Las defensas

Los almohades perfeccionaron las murallas de sus ciudades y fortalezas. Incrementaron su resistencia construyéndolas de hormigón de cal encofrado; añadieron torres poligonales para desviar la trayectoria de las flechas; colocaron torres albarranas, separadas de la muralla y unidas mediante un arco, lo que incrementaba su capacidad defensiva; pusieron torres junto a puertas en recodo, al objeto de hacer más vulnerable al enemigo, obligado a exponer uno de sus flancos.

Puerta de las murallas de Niebla (Huelva). Siglo XII.

de Alfonso X a la ciudad de Niebla, en 1262. Un historiador posterior los describió como «nueva máquina que causaba gran horror. Arrojaba bolas de hierro con fuego». El ruido atronador de los cañones produjo una gran conmoción entre las tropas y la caballería castellanas, según menciona otro historiador: «Creyeron que los truenos y los rayos estaban en el cielo. Pero, sin estarlo, se vieron rodeados de rayos y truenos».

Los proyectiles eran barras de hierro atadas entre sí, y bolas también de hierro. Los cañones las lanzaban tan lejos que algunas de ellas caían más allá del ejército enemigo, pero otras acertaban en el grueso de la tropa y aplastaban a la vez a hombres y caballos.

Al-Ándalus, que recogió todos estos adelantos técnicos del Oriente Medio, se convirtió a su vez, desde muy pronto, en transmisor de civilización a Europa. La tecnología de al-Ándalus viajó hacia el norte con los mercaderes judíos, que comerciaban libremente en ambos territorios, así como con los embajadores y con los monjes mozárabes que visitaban monasterios de Navarra y Asturias. Durante casi ocho siglos, al-Ándalus impulsó avances científicos que serían esenciales para el desarrollo posterior de la ciencia en la Europa del Renacimiento.

6 Artesanos, mercaderes y esclavos

La España musulmana tuvo, en tiempos del califato, uno de sus momentos más prósperos. Con Abderramán III (912-961), el Tesoro real alcanzó una cifra equivalente a unos 400 000 millones de euros. Esta riqueza se basaba en el desarrollo de la agricultura, la industria y el comercio interior y exterior.

El llamado Pendón de las Navas de Tolosa, a la izquierda, es un rico tapíz andalusí, ejemplo del alto nivel artístico de los artesanos de al-Ándalus.

1. La agricultura

En el campo, las condiciones de vida mejoraron, a la larga, gracias a la creación de pequeños propietarios. Estos no cultivaban el terreno ellos mismos, sino que lo arrendaban a colonos. Como el calendario romano se usaba desde hacía mucho en la Península, los agricultores se guiaban por él con preferencia al musulmán.

Tenían zonas de secano, donde cultivaban cereales, y zonas de regadío con fértiles huertas y árboles frutales. Cuando la cosecha de cereal era insuficiente, los sultanes andalusíes importaban trigo del norte de África.

Los nuevos cultivos introducidos por árabes y bereberes inmigrados dieron trabajo a regiones o comarcas enteras. En la provincia de Jaén, por ejemplo, tres mil aldeas vivían del cultivo de la morera y la cría de gusanos de seda. En el litoral levantino, muchos pueblos vivían del cultivo del arroz, la caña de azúcar y la palmera datilera. En torno a Granada se cultivaban plantas aromáticas y medicinales. Otras zonas se dedicaban a las plantas textiles, como el algodón, cultivo también nuevo en la Península, y el lino. Muy extendidos estaban también el cultivo del olivo, para elaborar aceite, y el de la viña, a pesar de que el Corán prohibía a los musulmanes beber vino.

Nuevos cultivos

Los árabes introdujeron en al-Ándalus diversas especies agrícolas y frutícolas hasta entonces desconocidas a este lado del mundo. Por ejemplo, el arroz, la berenjena, las espinacas o el algodón. Entre las frutas, la sandía (procedente de Persia y del Yemen), el melón (de Pakistán), el plátano, el membrillo, el albaricoque, la granada (de Siria) y la caña de azúcar (que llevaría siglos después Colón a América). Estos cultivos fueron, primero, importados y, luego, aclimatados en la Península. Los agrónomos andalusíes recogieron sus conocimientos en numerosos tratados de botánica y de agricultura.

2. Los animales domésticos

Existían libros de agricultura, que solían tener un capítulo final dedicado a los animales útiles al hombre. Se criaban caballos en diversas zonas andaluzas, así como mulas y asnos. De las más caras, por su resistencia, eran las mulas de Baleares. Sin embargo, el camello no apareció en al-Ándalus hasta el siglo X. Había también bueyes, para explotaciones rurales, y búfalos indios, con cuya leche se elaboraban quesos muy apreciados.

En el campo vivía mucha gente de origen bereber, dedicados a la explotación de ganado. Se dice que los bereberes pudieron iniciar la trashumancia en España, ya que la habían practicado en África, donde el clima era similar. A pesar de la prohibición islámica de comer carne de cerdo, había quienes lo criaban, quizá para vender su carne a los mozárabes. Otros criaban palomas mensajeras, cuyas heces servían de abono, o tenían colmenas para producir miel.

Como en todas partes, la gente del campo dependía de las ciudades para sobrevivir. Agricultores y ganaderos vivían de vender carne, quesos y productos hortícolas en los zocos de las ciudades próximas.

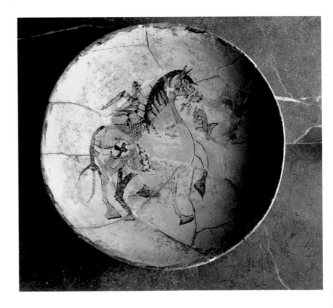

Zafa, especie de palangana de cerámica, del yacimiento arqueológico de Medina Elvira, en la provincia de Granada.

3. Los contratos rurales

La propiedad del terreno estaba minuciosamente regulada por la ley. Los soberanos favorecieron con latifundios a los jefes militares y a la aristocracia árabe, berberisca y goda. Por supuesto, el propio Estado poseía una gran parte del terreno cultivable. Los terratenientes debían pagar un impuesto periódico al fisco, consistente en una parte de la cosecha, que varió según las épocas.

Los colonos no eran propietarios del terreno que cultivaban, debiendo pagar una renta a los verdaderos dueños. Debido a la escasez de moneda, pagaban en especie. La condición de los colonos andalusíes mejoró al instituirse, en el siglo X, la aparcería (es decir, que el colono y el propietario iban a medias en gastos y beneficios). Los primeros contratos fueron más estrictos y dejaban poca libertad al trabajador. Pero las condiciones mejoraron gradualmente, y ya los contratos rurales del reino de Granada demuestran una mayor generosidad de los propietarios. Por ejemplo, el propietario ponía de su bolsillo la mitad de la simiente, y el colono se comprometía a poner la otra mitad, a cultivar, cosechar y llevar a vender los productos al zoco de la ciudad más cercana, repartiéndose luego a medias la ganancia obtenida.

El llamado Corral del Carbón, en Granada, fue en época nazarí la Alhóndiga Gigida, albergue de mercaderes y almacén de mercancías.

4. Ganaderos, pescadores y mineros

Existían también asociaciones de explotación ganadera: varios pequeños propietarios se asociaban para contratar en común a un pastor que apacentara el ganado conjunto de todos (esta costumbre continuó en España hasta los años sesenta del siglo XX); se elaboraban quesos y se repartían el producto de su venta.

En el litoral, muchos pueblos vivían de la pesca y de la explotación de la sal marina. Otras regiones subsistían de la minería, para la cual se aprovecharon prospecciones de época romana. Se explotaban minas de plata, oro y diversos metales.

Para las construcciones principescas y religiosas se extraían mármoles de diversos colores y ónices rojos y amarillos. De otras minas se extraían piedras preciosas como el lapislázuli, hematita, rubíes y jacintos.

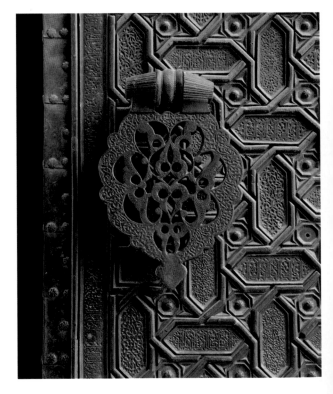

Aldabón andalusí, de época almohade, en la puerta del Perdón, de la catedral de Sevilla. Este aldabón es de bronce fundido y cincelado; está decorado con ataurique y con epigrafía de contenido coránico. Las artes metalúrgicas y de herrería en general alcanzaron gran desarrollo. Al haber sido transmitidas de generación en generación, hoy día se conservan muchas de sus destrezas artesanas en casi todos los oficios y artes tradicionales.

5. Los oficios urbanos

Al-Ándalus era un país muy poblado para su tiempo. Muchos de sus habitantes vivían aglomerados en grandes ciudades, dedicados a oficios urbanos.

En las urbes había muchos artesanos y comerciantes, agrupados por gremios en barrios, calles y zocos reservados como zonas comerciales. Al frente de cada corporación gremial había un intendente que representaba a esta ante la autoridad y debía responder de toda falta cometida por cualquier miembro.

Los lugares para desempeñar oficios malolientes, como las tenerías, estaban en barrios extremos, mientras que los comercios de lujo se agrupaban en las llamadas alcaicerías, grandes patios con tiendas y talleres situados en zonas céntricas. Una de las industrias más florecientes era la elaboración de tejidos, ya fuera de piezas para la confección o de vestidos ya hechos. Solo en Córdoba había 13 000 tejedores, aparte de sastres. En Málaga y Valencia, la fabricación de cerámica era una industria poderosa. En Almería se producía vidrio y

Taujel del Cuarto Dorado del palacio del Mexuar, en la Alhambra, Granada. Esta techumbre adintelada es un ejemplo de los bellos artesonados en madera de los artesanos nazaríes.

*Arqueta, en madera,
plata dorada y nielada,
de Hixen II, siglo X.*

vasijas de bronce y de hierro. Toledo era productora de espadas (donde aún se conserva esa tradición). En Córdoba abundaba el curtido de cuero y pieles para diversos usos, de donde proceden los actuales cordobanes (ya mencionados en época visigoda).

En todas partes había fabricantes de azulejos para decoración. Todos estos oficios artesanales daban ocupación a multitud de trabajadores a sueldo. Otros artesanos vivían de la fabricación de pergaminos, objetos de esparto, orfebrería, calzado, útiles de latón, carpintería.

Las tiendas eran muy pequeñas y tenían incorporado, a la vez, el taller. Consistían en una minúscula habitación abierta a la calle, con el suelo cubierto por una estera.

A pesar de la vigilancia de las autoridades, el fraude comercial estaba a la orden del día. No sería extraño que la picaresca española de siglos posteriores pudiese ser una herencia de los andalusíes, obligados muchos de ellos a sobrevivir de su ingenio. Era frecuente, por ejemplo, que los drogueros y perfumistas, quienes trabajaban en plena calle, distrajeran a la clientela y sustituyeran el ungüento o el perfume solicitados por otros de menor precio y calidad. Era también usual que panaderos y carniceros vendieran a precios más elevados que los oficiales. Sin embargo, para evitar estos fraudes, había un inspector de mercados, el almotacén, cuya misión era vigilarlos y fijar, según su peso, los precios oficiales de la carne y el pan, que debían figurar en una tablilla sobre los mostradores.

Había también muchos mercaderes, musulmanes y judíos de al-Ándalus, que hacían largos viajes por África, Oriente Medio y hasta la India y China.

Los judíos, por su condición neutral, tenían la ventaja de poder internarse en tierras tanto de musulmanes como de cristianos, lo que ampliaba su campo comercial a Europa. Estos mercaderes llevaban a vender productos europeos a Oriente y volvían cargados de valiosas mercancías orientales (especias, perfumes, joyas, tapices) con las que comerciaban en las grandes urbes de Occidente.

6. El mercado de esclavos

Uno de los negocios más productivos era la trata de esclavos. En las ciudades hispanomusulmanas había un zoco reservado para ello donde el «género» se distribuía por zonas según su procedencia.

En el comercio de mujeres, los precios más altos se pagaban por las esclavas cantoras, casi todas de origen oriental. Se valoraba también a las gallegas, porque el dialecto que hablaban era parecido al dialecto romance usado en al-Ándalus. Las mujeres esclavas recibían una esmerada educación, para que supieran entretener a sus señores en las largas horas transcurridas en el harén.

Había eunucos, de razas diversas, que habían sido operados por los mejores cirujanos judíos de Lucena, centro de la ciencia judía en al-Ándalus. Los eunucos eran destinados a los harenes reales o privados, ya que solo ellos y las mujeres esclavas podían entrar en los recintos reservados a las concubinas de los príncipes y de los grandes señores.

Magia, venenos y especias

Aunque algunos perfumistas se instalaban en la calle, sentados sobre una alfombra, otros tenían comercio propio. Por lo común, los perfumistas hacían las veces, además, de farmacéuticos y especieros. En sus locales vendían medicamentos y, también, artículos de magia. Muchas mujeres acudían a ellos para adquirir filtros de amor (conjuros escritos para enamorar a alguien), encantamientos para echar mal de ojo o venenos mortíferos. En anaqueles abarrotados de tarros se mezclaban perfumes con ungüentos, jarabes y aceites medicinales, especias, pociones mágicas, insectos secos, sanguijuelas vivas para sangrar a los pacientes, etc. Del techo colgaban pájaros disecados, pieles de serpiente y garras de animales, utilizados en conjuros mágicos.

La falsa esclava

La picardía de algunos vendedores de esclavos era corriente. En una ocasión, un cordobés acaudalado acudió al zoco de doncellas y compró en alto precio una bella esclava, supuestamente cristiana. La joven simuló no hablar árabe, como si acabara de ser apresada en el Norte. Cumplidas las formalidades, su nuevo patrón la condujo satisfecho a casa. A los pocos días, la mujer lo denunció al cadí o juez, declarándose musulmana, por lo que recuperó su libertad. Resultó que estaba confabulada con el vendedor para realizar la superchería y repartirse entre ambos el dinero.

Otra clase de esclavo muy caro y que era exportado al norte de África y al Oriente Medio eran los llamados eslavos: europeos de procedencia diversa (de países eslavos y noreuropeos) que, apresados en batallas por los francos, eran llevados a la frontera con al-Ándalus para ser vendidos. Los mercaderes convertían a algunos de ellos en eunucos, y a otros los vendían para acabar destinados a trabajos agrícolas o del hogar.

Los eslavos, cuando se convertían en esclavos de los sultanes, podían ser destinados al ejército. Los emires omeyas tuvieron una guardia personal, para defender el alcázar de Córdoba y acompañarlos en sus salidas de la capital, compuesta íntegramente por eslavos que ni siquiera hablaban el árabe.

Los eunucos alcanzaban altos puestos en los palacios reales, llegaban a ser jefes de protocolo y confidentes de los sultanes. Algunos tuvieron grandes fortunas y vivieron en verdaderos palacios. Su poder llegó a tal extremo que, a la muerte de Abderramán II, mandaron cerrar las puertas del alcázar para evitar que se propagara la noticia y mantuvieron una reunión secreta en la que decidieron a cuál de los príncipes les convenía entregar el trono, lo que hicieron durante la noche.

Los esclavos tenían, además, ciertas posibilidades de conseguir su libertad. Las concubinas esclavas se ganaban su condición de mujeres libres al dar un hijo varón a su señor. Por su parte, los esclavos varones podían ir a la guerra en sustitución de sus amos y, en caso de volver con vida, quedaban convertidos en libertos.

En todos los mercados de esclavos había, también, personas de raza negra, que eran muy valoradas por su resistencia física y por su fama de corredores veloces.

Al comprar cualquier esclavo se firmaba un contrato para evitar posteriores reclamaciones. Cuando alguien compraba una mujer, antes de firmar el contrato la hacía examinar por uno de los médicos del zoco, acompañado de una comadrona para evitar que se propasara con ella. Los mercaderes, no obstante, ideaban ingeniosos modos de estafar a clientes demasiado confiados.

7. Números y monedas

Los comerciantes andalusíes hacían sus operaciones con ayuda de un sencillo instrumento de cálculo, el ábaco, y tenían a su alcance tratados de aritmética mercantil, más tarde adoptados en Europa.

A través del mundo árabe llegó a España la numeración india (hoy llamada árabe), el sistema decimal con valores relativos o de posición y el uso del cero. En al-Ándalus se utilizaban distintos tipos de numerales: unos se trazaban en una pequeña mesa cubierta de arena fina, guardando solo los resultados totales. Otros eran los ápices: nueve fichas con cifras árabes. Otra clase eran las llamadas cifras de notarios, procedentes del alfabeto minúsculo griego.

Las monedas variaron según las épocas. En época omeya había dinares de oro, dírhames de plata y feluses de

Mercado de esclavos, miniatura del maqama Los Actos, de al-Wasiti.

Anverso y reverso de un dírham de plata andalusí del siglo XII. Los dirhames de oro andalusíes fueron muy apreciados en toda Europa y, en la España cristiana, las monedas andalusíes fueron de uso corriente, dado que hasta finales del siglo XI no se comenzó a acuñar monedas en el norte peninsular.

cobre. Al principio escasearon el oro y la moneda, por lo que los comerciantes tenían que recurrir al trueque en sus compras y ventas. Más tarde, Abderramán II emprendió el monopolio de la acuñación de moneda, para lo cual edificó en Córdoba una ceca o Casa de la Moneda. Las piezas acuñadas llevaban una leyenda doble en cada cara, mencionando el nombre del soberano reinante y el lugar y la fecha de emisión, e incluían alusiones religiosas.

En época de Taifas hubo gran variedad de monedas, entre otras el *mitqal* de oro. Con los almorávides se fueron rebajando cada vez más la calidad y el peso de la plata y se acuñaron monedas fraccionarias de 1/2, 1/4, 1/8 y 1/16 de dírham. En diversas épocas, como la de los almohades y la del reino de Granada, se emitieron dinares y dírhames cuadrados.

8. El nivel de vida

A pesar de la riqueza de los sultanes andalusíes y de la nobleza hispanomusulmana, el nivel de vida de las clases modestas era inferior al del Oriente Medio. Un jornal oscilaba entre 1,5 y 3 piezas de plata al día. En el siglo X, un trabajador podía ganar entre 3 y 5,5 dinares al año, cuando una vivienda modesta podía llegar a costar 10 piezas de oro, aunque, sin duda, menos también. Los funcionarios, ya desde época omeya, recibían buenos sueldos. Pero los trabajadores estaban mal pagados, lo que, sumado al elevado coste de la vida, obligaba a la mayoría de las familias a una lucha cotidiana para ganarse un sueldo básico.

Por ello, muchos se veían obligados a acudir a los prestamistas, a quienes llamaban cambiadores. Solían ser judíos y tenían sus oficinas en lugares céntricos de las ciudades.

Algunos soberanos omeyas procuraron proteger a las clases más pobres distribuyendo gratuitamente cereal de los graneros reales en tiempo de sequía, financiando obras públicas para remediar el desempleo, costeando la educación de niños huérfanos y distribuyendo medicamentos gratuitos de la farmacopea real.

El impulso del comercio y de la industria favoreció la gradual creación de una clase media de comerciantes y artesanos, cuya prosperidad se mantuvo intacta, a pesar de la inestabilidad política durante los reinos de Taifas y de las sucesivas invasiones de almorávides y almohades.

La pobreza

En la sociedad andalusí hubo también pobreza y malnutrición, entre otras causas, debido a las frecuentes sequías y a la consiguiente carestía de la vida. Los tiempos de escasez provocaban migraciones hacia otras regiones, así como un aumento de la delincuencia en las ciudades y en el campo. Por otra parte, sabemos, por las fuentes literarias, que las personas de vida mísera padecían, además, una cierta marginación social.

Los prestamistas judíos ofrecían sus servicios tanto en los reinos cristianos como en los musulmanes. Detalle de una miniatura de las Cantigas, de Alfonso X.

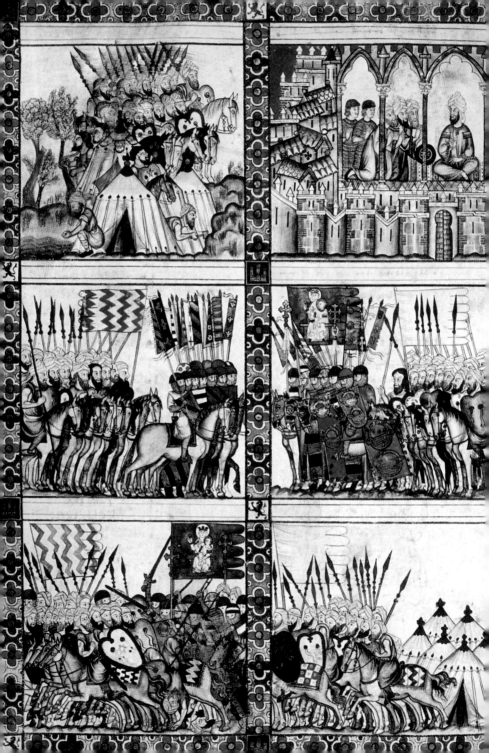

7 Funcionarios, jueces y guerreros

Al-Ándalus fue, al principio, una provincia del enorme imperio islámico, administrada por un gobernador o emir. Luego pasó a convertirse, con Abderramán I, en un emirato o reino independiente. El nuevo emir de Córdoba reunía en su persona, como luego sus sucesores, los tres poderes: militar, administrativo y judicial. Sin embargo, la administración de un reino grande y de tal variedad de razas como al-Ándalus fue necesitando de una organización cada vez más complicada.

1. La administración

Abderramán II, bisnieto del primero y gran gobernante del emirato independiente, reformó la administración pública copiando la organización que habían inventado los califas abasíes de Bagdad. El cargo más alto en el gobierno era el *háchib* o canciller, especie de primer ministro.

Había luego varios visires o ministros, cada uno al frente de un diván o departamento administrativo: del Tesoro, del Ejército, de la Correspondencia real, de Protección (que atendía a los asuntos de judíos y cristianos y cobraba sus impuestos) y otros varios.

Los visires no se comunicaban directamente con el soberano, sino por medio del canciller y de secretarios. Para discutir cuestiones administrativas se reunían en un salón especial, donde redactaban documentos que enviaban al emir o al califa para que los firmara.

Había, además, un Consejo de Estado, del que eran miembros el canciller, los visires, los príncipes de san-

Combate entre cristianos y musulmanes, en una miniatura de las Cantigas, de Alfonso X, siglo XIII.

gre real y algunos altos funcionarios, nobles y militares. Este Consejo real se reunía, cuando lo decidía el sultán, para tratar asuntos de Estado y planificar las campañas militares. La importancia y las funciones del canciller y de los visires variaron según las épocas, siendo, a veces, cargos puramente honoríficos.

La España musulmana, al-Ándalus, estaba dividida en seis provincias o coras, cada una con un valí o gobernador al frente.

Recreación historicista de Dionisio Baixeras Verdaguer, del momento en que Abderramán III recibe a una embajada cristiana, enviada por el emperador Otón. Universidad de Barcelona.

Había dos fronteras con la España cristiana, a las que se llamaban Marca Superior e Inferior.

La Marca Superior lindaba con Navarra y los condados catalanes, y su capital era Zaragoza. La Marca Inferior se alargaba entre el Duero y el Tajo, siendo Toledo su capital. Ambas tenían a su frente un gobernador de la Frontera, cargo muy codiciado por su gran independencia.

2. Los impuestos y los decretos

El cobro de los impuestos estaba estrechamente regulado, variando su cantidad según la raza y la categoría social de cada contribuyente.

Los musulmanes debían entregar al fisco un diez por ciento de su capital: ganado, cosecha o mercancías. Los varones cristianos y judíos tenían que tributar también de acuerdo a su riqueza.

En tiempos del emirato y del califato existían censos y había distintos recaudadores, uno encargado de cobrar los derechos de importación y exportación; otro, los impuestos sobre tierra e inmuebles; otro, los tributos de vasallaje.

Para evitar que estos recaudadores se enriquecieran con las grandes sumas que pasaban por sus manos, había unos funcionarios encargados de llevar libros de cuentas, minuciosamente detallados, y de hacer inspecciones periódicas de las oficinas del Tesoro.

Todos los documentos y cartas reales debían llevar el sello del soberano. El sultán dictaba algunas cartas y decretos destinados a sus gobernadores de provincias, pero eran los secretarios y escribientes quienes transcribían el texto definitivo. Debían redactarlo en árabe y en un estilo bastante rebuscado, imitando al Corán. De ahí la gran importancia que tenía la instrucción literaria para aspirar a cualquier empleo de secretario en el gobierno.

3. Los funcionarios

Todas estas oficinas empleaban a numerosos funcionarios. Tantos que, en época omeya, existía en Córdoba un barrio llamado de los Funcionarios, que al principio estuvo en la orilla izquierda del Guadalquivir, frente al puente romano, y luego se trasladó al norte de la ciudad, fuera de la medina.

Las oficinas administrativas estaban situadas dentro del gran recinto del alcázar, donde había diversos edificios.

Tributos de los no musulmanes

Entre los diversos tipos de impuestos territoriales, que no necesariamente se pagaban cada año, había la *yizya*, tributo de capitación o personal, por el que los no musulmanes pagaban por residir en suelo islámico, así como por estar acogidos a la seguridad pública y a la protección del ejército. Otro tipo de impuesto territorial era el *jarach*, que debían pagar los terratenientes cristianos y judíos por el usufructo de sus tierras en aquellas regiones que habían pasado a poder islámico mediante un tratado de capitulación. Esta parece ser una de las razones que propició el que muchos cristianos se convirtieran al islam, llamados a partir de entonces muladíes, a fin de no tener que sufragar este tipo de tributos.

El rey Boabdil de Granada presidiendo un consejo.

En ellas, Abderramán II llegó a mantener a unos 40 000 empleados, entre visires, secretarios, magistrados, tesoreros, inspectores, policías, escribientes y servidores.

Incluso los esclavos y eunucos de la familia real estaban distribuidos según una jerarquía minuciosa. Los cargos más importantes eran: jefe de protocolo, gran matarife, halconero mayor, copero mayor, jefe de escuderos y otros muchos.

Había aún otros cargos civiles honoríficos, como jefe de los músicos y poeta oficial de la corte, que se daban a hombres de talento.

Todos los actos oficiales, audiencias reales y recepciones de embajadores extranjeros tenían un protocolo estricto y aparatoso para engrandecer la imagen del soberano, quien rara vez se dejaba ver por su pueblo.

También los judíos y cristianos podían conseguir empleos administrativos, e incluso llegar a puestos de responsabilidad en el gobierno. El emir Alhakem I nombró recaudador de impuestos y jefe de su guardia personal a un mozárabe llamado Rabi. Muhammad I nombró canciller al mozárabe Gómez ben Antonian, quien acabó por convertirse al islam. Abderramán III hizo visir al médico judío Hasday ben Saprut.

4. La justicia

Los soberanos podían administrar justicia, pero, normalmente, dejaban esta tarea en manos de distintos jueces. El principal de estos era el *qadi* o cadí (de donde procede la palabra alcalde), cargo muy honroso que se daba a hombre virtuosos y que conocían bien la ley. Había uno en cada ciudad y también en los pueblos, donde se llamaba *hákim*.

El de Córdoba era el juez supremo llamado cadí de la Aljama, cargo de gran independencia y casi religioso, ya que la ley islámica procede del Corán y se basa en principios religiosos.

El cadí juzgaba asuntos de derecho común y pleitos, se ocupaba de los legados píos, inscribía a los matrimonios, tenía la tutela de los huérfanos e incapacitados y dirigía los consejos de menores. Su autoridad en la ley religiosa pasaba por encima del mismo sultán y podía incluso rechazar alguna petición suya a favor de un detenido. No obstante, estaban sometidos a las críticas de los alfaquíes o juristas, quienes consideraban que sus sentencias no siempre se avenían a la ley islámica.

El Mexuar de la Alhambra era una sala de audiencia y justicia para casos importantes.

El Emir y el Cadí

Una anécdota de época omeya nos da idea de la independencia de los jueces durante el emirato. En cierta ocasión, un noble arrebató una alquería a unos campesinos, quienes acudieron a la justicia. Siendo el noble amigo del emir Alhakem I, este solicitó al Cadí o Juez, por medio de un recadero, que no interviniese, pues él mismo juzgaría el caso. El Cadí respondió que no podía abstenerse de dictar sentencia, pues los campesinos habían probado ya su derecho a la citada propiedad. El Emir volvió a enviarle al paje, insistiendo en que no actuara, pero el juez retuvo entonces a aquel hasta haber dictado sentencia favorable a los campesinos. «¡Cuán vil es aquel –exclamó luego el Emir– que debe sufrir que la pluma del juez le abofetee el rostro!». A pesar de ello, no tomó represalias contra el Cadí.

El cadí juzgaba en la mezquita mayor, sentado en una alfombra y rodeado de secretarios con documentos judiciales y listas de pleitos por resolver. Los poderes de este cargo lo convertían en uno de los más apetecidos, a la vez que temidos, pues estaba más expuesto que otros a las intrigas de la política.

En Córdoba hubo jueces honestos que fueron destituidos por maniobras políticas, al negarse a favorecer a personajes importantes, acabando sus días en la pobreza y el olvido. Otros fueron calumniados por resolver los asuntos con tal rapidez que no daban tiempo a los secretarios a enriquecerse a costa de los litigantes.

Otro tipo de juez era el zalmedina o prefecto de la ciudad, quien juzgaba asuntos criminales y dirigía un cuerpo policial para velar por la seguridad urbana. Un tercer tipo era el almotacén o inspector del mercado, quien intervenía en pesos y medidas y en cuestiones de moralidad pública, en las fiestas y en los límites de los cementerios.

Las penas variaban según la gravedad de los delitos. Podían ser multa, apaleamiento, un vergonzoso paseo a lomos de asno por la ciudad, destierro y muerte. Las ejecuciones se hacían en lugares públicos o en descampados a las afueras de las ciudades, y atraían a verdaderas muchedumbres.

Aunque la ley era severa en muchos aspectos (renunciar al islam, por ejemplo, se castigaba con la muerte), no lo era con los borrachos. La tradición musulmana condenaba al borracho a latigazos, pero los jueces hispanomusulmanes eran más bien tolerantes y solían hacerse los desentendidos cuando veían a uno por la calle. Incluso cuando les traían un borracho a la mezquita, le olían el aliento y negaban que oliera a vino.

Al fin y al cabo, actuaban con justicia, puesto que los propios sultanes y los altos personajes bebían con frecuencia, y no se avergonzaban de componer versos dedicados al color o a los efectos del vino.

Salón del Trono del palacio de Medina Azahara (Córdoba), usado por los reyes andalusíes para recibir las visitas oficiales. Siglo X.

Con los Omeyas, los militares vestían malla y una túnica corta escarlata, según la moda cristiana. La cota de malla, llamada almófar, protegía el cuello, la nuca, la frente e, incluso, la boca. Las manos las cubrían con manoplas. Las tropas acorazadas llevaban escudo y lanza, pero no sabían usar el mazo ni el arco árabes. En cambio, adoptaron la ballesta de los francos. Además, portaban adargas o escudos de cuero. En épocas posteriores se volvió al vestido militar árabe tradicional. El caballo llevaba cuello y pecho protegidos con una frontalera de malla.

5. El ejército

La organización militar era compleja. Bajo los Omeyas, los súbditos de origen árabe, sobre todo los sirios, tenían obligación de prestar servicio militar e iban a la guerra sin entrenamiento. Otras tropas estaban formadas por soldados profesionales y mercenarios contratados en el norte de África y, en época Omeya, también por cristianos del norte peninsular y de Francia.

En toda campaña participaban, asimismo, voluntarios hispanomusulmanes y berberiscos que deseaban cumplir con la obligación canónica de la Guerra Santa y, por último, esclavos que iban en sustitución de sus señores.

La tropa, compuesta de infantería y caballería, se distribuía en una serie de divisiones mayores integradas por batallones menores, cada cual con su jefe y su bandera o estandarte. Acompañaban a la tropa poetas que recitaban, antes de las batallas, largos poemas bélicos y hazañas heroicas para animar a los soldados.

Los contingentes irregulares iban a la zaga tras el convoy de animales de carga y carruajes con impedimenta.

Miniatura de soldados
musulmanes del códice
de Juan Skylitzer
Guerra con los árabes
del siglo XII,
Biblioteca Nacional.

Ejército andalusí en marcha. Miniatura de las Cantigas, *de Alfonso X, siglo XIII.*

En el centro marchaban las columnas de soldados, protegidas por grupos de caballería ligera.

Al final de la campaña, los soldados profesionales y los mercenarios recibían su sueldo, que era entregado a la familia en caso de muerte. Las banderas del período omeya eran blancas, color de la Casa Real. En épocas posteriores fueron de distintos colores, y, por fin, en la Granada nazarí se adoptó el color rojo.

Las campañas militares, llamadas aceifas, solían hacerse durante la primavera y el verano. En la época del emirato y del califato consistían en correrías por territorio enemigo con la misión de incendiar cosechas, asolar poblados, destruir abastecimientos vitales del enemigo y reunir botín para, finalmente, retirarse del territorio ocupado y regresar a la Marca.

Lo mismo hacían los ejércitos cristianos, lo que convertía aquella guerra, que era «santa» para ambos contendientes, en un simple hostigamiento mutuo. Tras la victoria cristiana en la batalla de las Navas de Tolosa frente al poder almohade de al-Ándalus, no volverán a organizar más aceifas desde el sur musulmán hacia los reinos cristianos del norte.

6. La marina de guerra

Al-Ándalus tenía su propia marina de guerra. En un principio se alquilaron barcos a particulares para exportar productos y defender las costas, que eran a menudo arrasadas por piratas berberiscos.

Más tarde se construyó una armada de guerra, con base en Almería, que fue la más poderosa del Mediterráneo en tiempos de Abderramán III. Tenía su propio rango militar y fue muy útil en tiempos de Almanzor, sin duda el mejor estratega militar de todo el período de la España musulmana, incluidas las épocas almorávide y almohade.

Al mejorar la navegación, se impulsó el comercio exterior de al-Ándalus. Los andalusíes trajeron grandes cantidades de oro a España, que se obtenían de minas africanas, convirtiéndola así en uno de los países más prósperos del Mediterráneo.

Ese mismo oro mejoró la empobrecida economía europea, pues con él los sultanes andalusíes compraban esclavos y productos europeos, comercio que ellos dominaban en el mundo árabe.

Miniatura de las Cantigas, *de Alfonso X que representa a la armada hispanomusulmana.*

7. Las comunicaciones

Para mantener la unidad de un reino tan vasto y diverso como era el al-Ándalus del emirato y del califato, los soberanos omeyas necesitaron mejorar también su sistema de comunicaciones por tierra. Utilizaron, por supuesto, las antiguas vías romanas, y repararon puentes y caminos. En tiempos del califato se creó un servicio oficial de correos, conectado con una extensa red norteafricana que tenía estafetas para descanso y cambio de montura. Había un intendente de correos y agentes de provincias. Los correos viajaban en mula protegidos por una escolta. Se destinaba a este servicio a esclavos negros procedentes de Sudán, corredores veloces y capacitados para soportar largas marchas.

Para enviar noticias urgentes se usaban palomas mensajeras. Otro sistema de comunicaciones, en realidad muy antiguo, eran los torreones de señales. Los andalusíes plagaron la Península Ibérica de pequeñas torres de aviso que transmitían noticias de un rincón a otro de sus dominios, rápidamente, por medio de banderas y hogueras.

Torre de Guainos en Adra (Almería). Estas atalayas costeras servían de vigilancia y protección de los continuos ataques de los piratas berberiscos.

8 Entretenimientos y fiestas

Los andalusíes tenían un carácter alegre,
hospitalario y amante de la diversión,
seguramente por la mezcla de razas. Aunque
los preceptos islámicos eran muy rígidos,
el pueblo no siempre los respetaba. El sueño
de teólogos y juristas era hacer de al-Ándalus
un ejemplo de ortodoxia islámica y de vida
austera, pero rara vez lo consiguieron.

1. El Ramadán y la Pascua del cordero

Durante el mes de ayuno, el Ramadán, las calles de las
ciudades permanecían silenciosas y casi vacías. Los hispanomusulmanes se encerraban en sus casas, dedicados a la oración y a la lectura del Corán. El mes de Ramadán concluía con la fiesta canónica de Ruptura del
Ayuno, el *Aid al-Fitr.* Esa noche se prendían todas
las lámparas de mezquitas, palacios, ermitas y hasta las
casas más humildes. La mezquita mayor se abarrotaba
de fieles, se pronunciaba un rezo solemne y luego los
poetas oficiales recitaban alabanzas al sultán.

La segunda gran fiesta religiosa era la fiesta de los Sa-
crificios o Pascua del cordero, el *Aid el Kebir* o *Aid al
Adha,* en la que cada familia debía degollar, al menos,
un cordero. Esto ponía en aprietos económicos a muchas familias de condición humilde. Ese día se cocinaban platos especiales, y el padre de familia regalaba vestidos nuevos a sus esposas e hijos. Por la noche había
festejos con música y baile. Las calles se abarrotaban de
gente alegre y algo bebida. Se arrojaban flores y se ro-
ciaban unos a otros con agua perfumada. Los religiosos protestaban por este desenfreno, que consideraban
poco grato a los ojos de Alá.

*Detalle de una miniatura
del* Maqamat *de
al-Hariri con una escena
de clientes en
una taberna bebiendo.*

Danza morisca, siglo XVI. Ilustración de Christoph Weiditz en su obra Libro de viajes en España y Países Bajos. *La danza no podía faltar junto a la música en ningún festejo andalusí, ya fuera popular o cortesano. En las celebraciones y bodas del pueblo llano se bailaba con acompañamiento de flautas, caramillos y percusión. En las fiestas de la nobleza participaban bailarinas profesionales acompañadas de orquestas.*

2. Otras fiestas

Había algunas otras fiestas menores a lo largo del año. Una tercera fiesta religiosa era la llamada Asura, que consistía en un día de ayuno. Por influencia mutua, los hispanomusulmanes celebraban algunas fiestas cristianas, y viceversa. Así, los hispanomusulmanes celebraban también la Navidad y el Año Nuevo cristiano. En esas fechas se intercambiaban regalos y confeccionaban pasteles en forma de ciudades.

Pero las dos fiestas más populares y animadas eran las que celebraban la entrada de la primavera y del verano, llamadas respectivamente Noruz y Mahrayan. En ambas se hacían regalos, había paradas de caballería, se celebraban regatas en el Guadalquivir, se cocinaban platos típicos, se bebían los mejores vinos, se reunían familiares y amigos. Las ciudades se llenaban de gente durante todo el día. Al llegar la noche, muchos se echaban a la calle disfrazados de carnaval. En patios y corrales había fiestas con baile y música de flautas, tambores y sonajas. Los jóvenes aprovechaban las sombras para cortejar a las doncellas. En la noche de Mahrayan (entrada del verano) se encendían, además, hogueras en los campos (como en la noche de San Juan de los cristianos). Los mozárabes participaban también en esta fiesta.

3. El consumo de vino

En época de los Omeyas, en todos los niveles sociales se bebía vino. Lo vendían tabernas legales y clandestinas, y su monopolio lo tenía, en Córdoba, una bodega situada en la barriada de Secunda, en la orilla opuesta a la medina, que daba buenos beneficios al Tesoro.

Esta costumbre, estrictamente prohibida en la religión musulmana, escandalizaba a los religiosos, quienes intentaban convencer a los sultanes de que debían reprimirla. Por consejo de ellos, el califa Alhakem II, hombre muy devoto, decidió arrancar todas las viñas de la vega cordobesa, pero no pudo hacerlo por las protestas no solo del pueblo llano sino también de la aristocracia.

En septiembre se celebraba la fiesta de la vendimia o Pascua de los alerces. En los pueblos y en el campo se organizaban romerías con canto y baile, a las que iban las mujeres vestidas con trajes llamativos. Sin embargo, en época de los almorávides y los almohades, los religiosos convencieron al pueblo llano de llevar una vida más piadosa, y solo bebía vino la gente de la alta sociedad.

Miniatura del manuscrito andalusí que narra la historia del romance de Bayad *y* Riyad, *de principios del siglo* XIII. *Todos los presentes beben vino mientras escuchan atentamente.*

Fiesta en un vergel

Llegados los invitados al jardín, se acomodaban sobre almohadones, bajo la luz de antorchas y candiles. Primero se les ofrecían manjares y golosinas. Luego se disponía junto a cada cual una bandeja con una palangana y una jarra de agua para lavarse, una copa y un frasco de perfume. Un copero servía licores mientras los comensales recitaban poemas célebres o improvisaban versos de amor. Cantaba a ratos una esclava acompañada de una pequeña orquesta femenina con laúd y tambores. Deambulaban por el jardín gacelas y pequeños monos africanos, y dormitaban tigres o panteras amaestrados. Para mayor asombro de los invitados, en Medina Azahara (siglo X), un autómata negro nadaba en una alberca.

4. Diversiones del pueblo llano

En los días corrientes, la gente del pueblo tenía diversiones más bien simples. Los hombres se sentaban en las tabernas a beber té de menta y a conversar, a veces amenizados por el canto y la música. A otros les gustaba ir a pasear, al caer la tarde, a las afueras de las ciudades. En Córdoba había un lugar de paseo muy concurrido, la llamada calzada del Arrecife, que iba entre las murallas de la medina y la orilla del Guadalquivir.

Aunque estaban también prohibidos por la ley islámica los juegos de azar, considerados inmorales porque tentaban a hacer apuestas de dinero, muchos los practicaban. Algunos perdían su escaso salario jugando a los dados o a una especie de juego de damas.

Otra afición del pueblo llano eran los espectáculos militares, como la revista de las tropas que hacían los sultanes al empezar las campañas de verano, celebradas en las almuzaras (descampados situados a las afueras de las ciudades). La solemnidad y la brillantez de estos desfiles militares servía para exaltar el patriotismo del pueblo.

Escenas palaciegas y de caza en la falsa bóveda de la Sala de los Reyes, de la Alhambra (Granada). En medio de un juego de elementos fantásticos y simbólicos se combinan los temas de amor cortés, de caza y de juego.

La juventud se divertía en la calle. Los muchachos de los arrabales formaban bandas para ir a pelearse con grupos de muchachos de los barrios vecinos. O iban a los zocos para entretenerse viendo actuar a los astrólogos, a los encantadores de serpientes, a los juglares, o para sentarse junto a un narrador de cuentos y escuchar historias antiguas. En época de Taifas, Sevilla tuvo fama de ser la ciudad más alegre de al-Ándalus. En las noches de verano surcaban el Guadalquivir barcas con farolillos y gente que cantaba y reía.

5. Entretenimientos de los nobles

La nobleza tenía a su alcance otro tipo de entretenimientos, como el polo (de origen persa). Eran también muy aficionados a lo que llamaban juego de cañas: una batalla entre dos equipos de jinetes que iban armados con unas cañas largas y afiladas. La caza fue siempre una distracción predilecta de los caballeros hispanomusulmanes. Cazaban grullas en las vegas andaluzas, monteaban ciervos en las serranías y otras veces iban a

Los juglares y narradores de historias

Los narradores eran consumados actores que se instalaban en zocos y en plazas públicas, donde congregaban, en corros formados a su alrededor, a numerosas personas que los escuchaban, boquiabiertas, recitar cuentos populares, leyendas épicas o fábulas de amor en prosa y en verso. Hacían reír al público imitando acentos diversos, y al final recolectaban algunas monedas entre los asistentes.

lancear toros. Eran muy aficionados a la caza de altanería (es decir, de «vuelo alto») y no faltaban nunca en sus palacios las aves de presa, muchos de cuyos nombres españoles proceden del árabe.

A partir del siglo X se practicaron las carreras de caballos. Otro pasatiempo consistía en organizar luchas de animales en un terreno cercado con una valla. Las corridas de toros tienen su origen en aquellas luchas entre fieras y toros. Cuando el toro sobrevivía, entraban en el ruedo unos jinetes y lo mataban con lanzas. En Granada existía una gran afición a las justas a caballo.

6. La música arábigo-andaluza

La tradición islámica prohibía también la música, considerando que desviaba al creyente de la religión. Pero los andalusíes fueron muy aficionados a ella en todas las épocas. No había festejo, popular o culto, en el que faltaran el canto y la música. La música culta cambió radicalmente al llegar a España, a principios del siglo IX, el músico oriental Ziryab. Este reformó el laúd árabe y fue el verdadero fundador de la escuela musical arábigo-andaluza o andalusí. Su estilo, que rompía con la tradición clásica oriental, sería imitado, siglos después, en el Oriente Medio. Ziryab fundó un conservatorio en Córdoba, donde revolucionó los métodos de enseñanza musical.

La mayoría de los sultanes hispanomusulmanes sintió una desmedida pasión por la música, y solían tener orquestas de esclavas cantoras en sus palacios. Fueron famosas tres concubinas de Abderramán II, llamadas las tres Medinesas, que dirigían en palacio una verdadera orquesta de mujeres cantoras. Los sultanes se rodeaban tanto de sabios como de músicos y poetas, y muchos de ellos sabían interpretar música y componer versos. La música arábigo-andaluza dejó honda huella en España –por ejemplo, en la música de las *Cantigas*–, y emigró con los moriscos al Magreb, donde hoy se conoce todavía con el nombre de *andalusí*.

7. El baile y el ajedrez

En las reuniones cultas de los palacios solía haber también baile. En una de sus danzas típicas, las bailarinas simulaban una batalla vestidas con largos faldones que llevaban sujetos unos caballos de madera pintados de colores.

El ajedrez fue también un pasatiempo de la gente culta. Inventado en India, pasó a los persas y de estos a los árabes. En España fue introducido, según parece, por el propio Ziryab, y en seguida se convirtió en un pasatiempo de príncipes y caballeros. Como tantos otros aspectos de la cultura árabe, acabaron por adoptarlo los reyes cristianos y se hicieron muy aficionados a él.

En el siglo XI, el visir y poeta Abenámar, al servicio del sultán de Sevilla, retó al ajedrez al rey Alfonso VI de Castilla, apasionado ajedrecista, cuando este fue con su ejército a sitiarlos. Antes de jugar, el rey se comprometió a conceder, si perdía, cualquier petición a su oponente, pues estaba seguro de ganar. Pero el visir era mejor jugador y ganó la partida, por lo que pidió entonces al rey que retirara sus tropas del reino sevillano.

Página miniada del libro sobre el ajedrez de Alfonso X el Sabio, donde se representa el juego del ajedrez entre un cristiano y un musulmán en la tienda de este. Se llamaba al ajedrez «Espejo de Príncipes», pues se consideraba un juego indicado para estrategas militares. Entre otras cosas, les enseñaba a planear sus movimientos con antelación y a refrenar sus impulsos. Se dice que un tal Aben Rasiq inventó, en el siglo XIII, un ajedrez circular.

8. Jardines públicos y privados

Como, en las ciudades, las calles y las casas eran tan estrechas, los ciudadanos sentían la necesidad de escapar de vez en cuando al aire libre. Para el pueblo llano había jardines públicos en las ciudades, como los llamados jardines de al-Zayyalí, en Córdoba. Allí paseaban o se sentaban a charlar a la sombra de palmeras, granados y limoneros. En los alrededores de las ciudades había también alamedas, adonde las familias iban de merienda, y alquerías donde podían comer y pasar una tarde de ocio al aire libre.

Los príncipes poseían palacios y fincas cerca de las principales ciudades. Los emires omeyas solían retirarse a pasar temporadas a un hermoso palacio con jardines, edificado al norte de la capital por Abderramán I, llamado Arruzafa. Estaba situado en un lugar donde corría la fresca brisa de los montes.

El califa Abderramán III construyó para una de sus favoritas una ciudadela entera en la serranía cordobesa, conocida como Medina Azahara (ciudad de Zahra), a la que acabó por trasladarse la corte por ser menos calurosa que el viejo alcázar.

El palacio de la Aljafería, de Zaragoza, fue utilizado como lugar de recreo por los monarcas Taifas del reino. En la ilustración, patio de Santa Isabel, realizado en el siglo XI.

También los nobles tenían almunias o casas de campo, adonde se retiraban en verano para huir del calor de las ciudades. Los andalusíes eran muy aficionados a la jardinería. Las gentes de clase humilde, que no tenían jardines propios, cultivaban flores en tiestos en los pequeños patios de sus casas.

Algunos sultanes se hicieron traer árboles exóticos desde Oriente para que sus jardineros los aclimataran en sus frondosos vergeles. Les gustaban los jardines ordenados, con avenidas rectas que desembocaban en rincones de reposo. El agua abundaba siempre, en surtidores que refrescaban el ambiente o en albercas que reflejaban la arquitectura de los pabellones de piedra dorada.

En verano, las gentes de alta sociedad organizaban fiestas y reuniones poéticas en los jardines de sus almunias, y enviaban a sus amistades invitaciones escritas en verso. No faltaban en estas fiestas la música y el baile, ni tampoco el vino y los ricos manjares. Discutían de filosofía y de cuestiones científicas, improvisaban versos y se contaban cuentos y leyendas. A veces, cuando habían bebido demasiado, la reunión podía prolongarse hasta las primeras luces del alba y acabar en actos poco morales.

Patio de la Acequia, en el Generalife, dentro del conjunto de la Alhambra de Granada. Los jardines se construyeron a finales del siglo XIII, aunque tuvieron sucesivas reformas.

انضي الرواحل واطوي المراحل حتى من هذا المقام فيكم ولا مرلي
عليكم اذ ما سعفت الا في حاجتي ولا بعثت الا راجي وليس اعني اعطتكم
بل استبقي اذ عنكم ولا انا اكرمواكم بل استنزل سوالكم فاذ عوذ الله بوبغي
للتاب والاعتاد للماب فاه رفع الدرجان مجلب الدعوان وهو الذي يقبل

9 Libros, bibliotecas y universidades

La huella dejada por la lengua árabe en el castellano, solo superada por el latín, es uno de los principales legados de la civilización de al-Ándalus. En castellano hay más de tres mil palabras de procedencia árabe (incluyendo topónimos), muchas de las cuales son todavía hoy de uso corriente. Era notable el amorde los hispanomusulmanes por su lengua, reflejado en poemas y narraciones de gran belleza.

1. La enseñanza superior

La lengua oficial y protocolaria en al-Ándalus era el árabe clásico. Pero en la vida cotidiana se usaban dos lenguas: un dialecto del árabe con mezcla de palabras latinas y romances (adoptadas de los mozárabes) y un dialecto vulgar romance (el idioma mozárabe), tan extendido que incluso lo hablaban los mismos sultanes, cortesanos, jueces y funcionarios. Las concubinas de los grandes señores, muchas de ellas procedentes de los reinos cristianos (gallegas, vasconas, catalanas), introdujeron este idioma en los palacios.

El idioma mozárabe, con sus variaciones dialectales, lo usaban también los maestros de enseñanza superior en sus clases, para que les pudieran entender todos sus alumnos. Porque no solo estudiaban musulmanes, sino judíos y mozárabes. Y no olvidemos que la base poblacional de al-Ándalus, muladíes y mozárabes, era autóctona, hispanorromana. Cuando acababan la enseñanza primaria en las escuelas coránicas, los jóvenes iniciaban sus estudios superiores en las mezquitas, donde enseñaban los maestros más respetados. Desde los primeros Omeyas, la enseñanza se difundió tanto

Miniatura del Maqamat de al-Hariri, *realizada por al-Wasiti en el siglo* XIII *donde aparecen personajes en una mezquita escuchando una exposición magistral.*

Sociedad bilingüe

Al-Ándalus fue una sociedad bilingüe, al menos hasta el siglo XI o XII. Parece probado que se mantuvo el bilingüismo durante el califato y los reinos de Taifas. Prueba de ello es la gran cantidad de arabismos presentes en el mozárabe, así como de palabras romances en los poemas árabes. La llegada de los almorávides en el siglo XI, y de los almohades a mediados del siglo XII, que supuso una oleada de intolerancia sin precedentes en al-Ándalus, provocó una emigración de mozárabes hacia el norte, algunos de ellos deportados. Esto debió de motivar que, a partir de entonces, se hablara menos en al-Ándalus el romance que había sido de uso común durante más de tres siglos.

en al-Ándalus que había poco analfabetismo, incluso entre las mujeres, a quienes podía verse estudiar en la mezquita-universidad. Mientras tanto, en Europa eran muy pocos los que sabían leer y escribir, y aún menos los que estudiaban una carrera.

La enseñanza era privada, y el Estado no intervenía en ella, salvo para asegurar su libertad por encima de la intransigencia de los clérigos. La única intervención de los monarcas consistía en traer a famosos maestros orientales y norteafricanos para dar lecciones magistrales en las mezquitas mayores. Estas clases reunían a miles de curiosos y se prolongaban durante horas.

A mediados del siglo XI se fundó en Bagdad la primera universidad, institución oficial que no sería imitada en la España musulmana hasta el siglo XIV, cuando el culto sultán Yusuf I fundó la Madraza o Universidad islámica de Granada, que alcanzó enorme prestigio y en la que enseñaron algunos de los más grandes intelectuales de su tiempo. Por primera vez, la enseñanza salió así de la mezquita para ser alojada en un establecimiento específico.

Miniatura del Maqamat *de al-Hariri, realizada por al-Wasiti en el siglo XIII donde aparecen personajes dialogando en una biblioteca.*

2. Cursos y asignaturas

Los cursos no tenían una duración determinada. Cada estudiante elegía las asignaturas que deseaba estudiar, y podía cursar una misma materia con dos o más maestros. Tampoco existían períodos establecidos de vacaciones, los cuales se fijaban de común acuerdo entre el profesor y los alumnos. Cuando el maestro consideraba al alumno preparado en una materia, le entregaba una licencia que le autorizaba a ejercer tal profesión o a enseñarla a otros.

En al-Ándalus hubo familias dedicadas por tradición a la enseñanza, cuyos apellidos fueron famosos. Puesto que el Profeta no supo leer ni escribir, la base de la enseñanza era la transmisión oral, lo cual requería una gran memoria.

La escasez de libros era la principal razón para ello. Los alumnos debían aprenderse libros enteros de memoria, siendo corriente que cualquier hispanomusulmán con una cultura media supiera recitar, con puntos y comas, algunas obras importantes.

Madraza de los Príncipes (edificio central), en la Alhambra de Granada. Allí estudiaban los hijos de los reyes nazaríes.

Miniatura del Maqamat *de al-Hariri, realizada por al-Wasiti en el siglo* XIII *donde aparecen personajes escuchando al orador.*

Las materias más estudiadas en las mezquitas eran las religiosas, por su importancia para los estudios de leyes islámicas y otras asignaturas relacionadas con estas.

La carrera de Literatura constaba de Poesía clásica, Historia, Prosa rimada y cuentos antiguos. Otros estudios comprendían Gramática, Lengua árabe y Filología, o bien Geografía, Medicina, Astronomía, etcétera.

El ambiente de las mezquitas-universidades era bullicioso y pintoresco. Al alba entraba una multitud de estudiantes, jóvenes y viejos, ricos y pobres, y también algunas mujeres. Cada maestro extendía su pequeña alfombra en un rincón o columna, y en torno a él se formaba un corro de alumnos, que garabateaban apuntes en tablillas o en pergaminos. Las clases se interrumpían a las horas de las cinco oraciones musulmanas, y se formaban luego nuevos grupos. Cada vez que se anunciaba una lección de un maestro famoso del Oriente, se aglomeraban tantos estudiantes y curiosos que algunos debían repetir las palabras del orador para que se enteraran los de las últimas filas.

3. El papel, la imprenta y los libros

El mundo de la cultura conoció en al-Ándalus un gran adelanto: el papel. Los hispanomusulmanes fueron expertos productores de pergamino, pero ya en el siglo X empezaron a utilizar el papel. En el siglo siguiente empezaron a fabricarlo ellos mismos, convirtiéndose la ciudad de Játiva en el centro de la industria papelera.

Cuando los cristianos europeos conocieron el papel, los hispanomusulmanes importaron otro invento chino: la imprenta. Las primeras técnicas de impresión consistían en el uso de simples bloques de madera con los que se imprimían letras mayúsculas.

La pasión generalizada por el estudio hizo necesario poner mayor número de libros en circulación. Así, imitando a los emires omeyas que tenían grandes bibliotecas, los particulares empezaron a reunir sus propias bibliotecas, con salas para traducción y copia de manuscritos.

Muchos estudiantes pobres se pagaban sus estudios trabajando a sueldo como copistas en estas bibliotecas privadas, o bien dando clases particulares, colocándose al servicio de las mezquitas o escribiendo cartas y documentos en la calle, a cambio de unas monedas.

Corán valenciano de finales del siglo XII, Biblioteca Nacional. Los hispanomusulmanes conocían el papel desde el siglo X, pero su uso no se generalizó hasta el siglo XII en el resto de Europa; a partir de ese momento el uso del pergamino comenzó a desaparecer.

Monumento al filósofo, matemático, escritor y médico andalusí Averroes, junto a la muralla de Córdoba.

Ya desde el tiempo del emirato omeya, los andalusíes sintieron una gran afición por los libros. De los artículos importados por los mercaderes, los libros eran los más apreciados, sobre todo si constituían rarezas literarias. Como los sultanes tenían derecho de preferencia sobre toda mercancía de importación, muchos de esos libros acababan en las bibliotecas de sus palacios. Algunos monarcas tuvieron incluso agentes encargados de conseguirles libros en Oriente. Así, el califa Alhakem II, extraordinariamente culto, llegó a reunir una biblioteca de 400 000 volúmenes, con catálogos minuciosos de todas las obras, y tuvo un taller de copistas de libros donde trabajaban numerosas mujeres.

Muchos otros libros se vendían al público en almonedas o subastas, que reunían a una multitud dispuesta a pujar para conseguir alguna obra famosa que faltara en sus bibliotecas. En estas subastas, los libros raros y los que estaban bien encuadernados e ilustrados llegaban a alcanzar precios muy elevados. Bien es cierto que algunos compradores ricos tenían bibliotecas por simple moda, y compraban ejemplares vistosos, a veces solo para rellenar los huecos de sus librerías.

4. La filosofía

Estos libros, cuyas copias originales venían casi todas de Oriente Medio, hicieron un gran servicio a la cultura occidental, pues divulgaron en España la filosofía de la antigua Grecia. En ese tiempo, esta era prácticamente desconocida en Europa. Por influencia de Bizancio, los califas abasíes de Bagdad iniciaron, ya en el siglo IX, la traducción al árabe y el estudio de los textos de los filósofos griegos. En al-Ándalus, como en el resto del mundo islámico, el estudio de la filosofía estaba mal visto por los teólogos y los clérigos, porque creían que apartaba al creyente de la religión. La influencia de estos sobre el pueblo, capaz de apedrear en plena calle a cualquiera que leyera libros de filosofía, obligaba a muchos a estudiarla en secreto.

A pesar de todo, los sultanes y los intelectuales tenían gran afición a la filosofía, guardaban en sus casas traducciones árabes de obras griegas, y se rodeaban de sabios con los que discutían de metafísica y de lógica en sus reuniones cultas. Durante siglos, el pensamiento filosófico fue desarrollado en al-Ándalus por grandes pensadores musulmanes y judíos como Avicena, Avempace, Averroes, Algacel, Avicebrón, Abenmasarra, Maimónides, Aben Hazam y otros muchos. Sus comentarios sobre las ideas de Aristóteles y de Platón se-

Estatua de Maimónides, en Córdoba. Este médico, filósofo, rabino y teólogo judío cordobés del siglo XII influyó en el pensamiento de muchos filósofos, como Santo Tomás, Spinoza, Leibniz y Newton, entre otros.

rían luego traducidos al latín, en los siglos XII y XIII, en la Escuela de Traductores de Toledo, y conocidos así por los filósofos europeos de la Baja Edad Media y del Renacimiento, sobre algunos de los cuales influyeron notablemente.

5. La poesía arábigo-andaluza

En al-Ándalus no había una reunión intelectual, ya fuera en el atrio de una mezquita-universidad o en un fértil jardín, en la que no se recitara poesía. Junto al canto y la música, la poesía fue el arte mejor cultivado.

Había poetas de corte, que recibían sueldo de los sultanes, y poetas populares, que recitaban en las tabernas y en los festejos del pueblo. Cuando el rey-poeta Almutamid de Sevilla fue destronado por los almorávides y enviado a una prisión marroquí, la poesía fue el único alivio durante sus últimos años de vida.

La poesía arábigo-andaluza o andalusí se escribía en una mezcla de lenguas romance, árabe y hebrea, e influyó más tarde en la métrica provenzal.

Poema epigráfico de Ibn Zamrak en la Sala de las Dos Hermanas de la Alhambra.

El período de gobierno del valí Almanzor fue de gran intolerancia religiosa y de gran zozobra para los reinos cristianos peninsulares. Detalle de la recreación que realizó el pintor Zurbarán, en el siglo XVII, del famoso caudillo andalusí.

6. La intolerancia de los religiosos musulmanes

La Historia, las letras y las ciencias, desarrolladas gracias a aquel fervor por el estudio que tuvieron los andalusíes, quedaron recogidas para la posteridad en muchos libros y tratados. Por desgracia, mucho antes del fanatismo de los inquisidores católicos, la intolerancia de los religiosos musulmanes hizo desaparecer muchas obras de filosofía.

Cuando Almanzor quiso reconciliarse con los alfaquíes (juristas musulmanes) y los teólogos, les permitió hacer una selección en la enorme biblioteca de Alhakem II y arrojar a las llamas multitud de libros de filosofía. El resto de la biblioteca acabó por ser subastado y dispersado en las colecciones de algunos reyes de Taifas.

La llegada, posteriormente, de almorávides y almohades estableció una mayor intolerancia religiosa. Ambos movimientos impusieron temporalmente un retorno a los preceptos originales del islam, despreciando la filosofía, la música y otras artes profanas tradicionalmente mal vistas por la moral ortodoxa. De vuelta a las Taifas, el rigorismo religioso volvió a relajarse.

7. Final de la cultura andalusí

Tras la caída de Granada, las autoridades civiles y religiosas procuraron eliminar de España todo resto que consideraban procedente de la cultura musulmana. A los moriscos se les prohibió usar sus nombres árabes y la lengua árabe, así como sus vestimentas; se clausuraron los baños públicos y se despreciaron sus conocimientos médicos.

Cuando en 1609 el rey Felipe III ordenó la expulsión definitiva de los moriscos, abandonaron la Península 300 000 personas, entre ellas, incontables sabios, médicos, astrónomos, matemáticos y científicos. La nueva España unificada perdía, además de esta riqueza humana, una importante fuente de ciencia y de economía.

Pintura anónima del siglo XVII sobre la expulsión de los moriscos, en el puerto de Vinaroz (Castellón).

La civilización andalusí, enriquecida durante ocho siglos por la compleja convivencia y mestizaje de razas y culturas, fue casi llevada al olvido. Mas su huella permanece, sin duda, en los libros traducidos al latín, en la imprenta, la brújula, los cañones, los números, el idioma, la literatura, la arquitectura, los monumentos... y, en parte también, en el alma española actual.

Algunas palabras de origen árabe

aceite	*zait*	azotea	*sutiha*	jarabe	*xarab*
aceituna	*zitún*	azúcar	*súkkar*	jarra	*yarra*
acelga	*salq*	azucena	*susan*	jazmín	*iasmín*
acequia	*saqia*			jeta	*játem*
adelfa	*dafla*	babuchas	*babux*	jinete	*zenata*
adobe	*tub*	balde	*bátel*	jofaina	*yufaina*
ajuar	*xauar*	barrio	*barrá*	joroba	*hadabah*
alacena	*jazana*	bellota	*ballota*		
alambique	*inbik*	berenjena	*badinyana*	laúd	*al-ud*
alarido	*Alá*	butaca	*mutaká*	limón	*limún*
albahaca	*habaq*				
albaricoque	*barquq*	café	*qahua*	macabro	*maqáber*
alberca	*birka*	candil	*qandil*	mandil	*mandil*
albornoz	*burnús*	caravana	*qairuán*	marrano	*muharram*
alcachofa	*jarxufa*	carcajada	*qahqha*	máscara	*masjara*
alcalde	*qaid*	cero	*séfar*	matraca	*matarqa*
alcázar	*al-qasr*	chaleco	*yaliqa*	mazmorra	*matura*
alcoba	*qubba*	chupa	*yubba*	mazorca	*mazgur*
alcohol	*khul*			mejunje	*ma'yún*
aldea	*dia'*	dado	*a'dad*	mezquino	*meskín*
alfalfa	*fásfasa*	daga	*taqa*	mulato	*mulad*
alfarero	*fajari*	dibujo	*dibaj*		
alfiler	*jalal*			naranja	*naranya*
alforja	*jarx*	elixir	*iksir*	noria	*na'ura*
algodón	*qutn*	escabeche	*askebaj*	¡ojalá!	*u xa Alá*
alguacil	*uasir*	espinaca	*asbanaj*		
alhaja	*yahuáhir*			res	*ras*
aljibe	*jub*	fideo	*fidaus*	retama	*rátem*
almacén	*majzán*	fulano	*felán*	rincón	*rkun*
almazara	*ma'sra*				
almíbar	*miba*	gabán	*qabá*	sandía	*sandía*
almohada	*mujadda*	gacela	*gazala*		
alpargatas	*belga*	gandul	*gandur*	tabique	*taxbik*
alquería	*qaria*	gañán	*gannám*	tahona	*tahuna*
alquitrán	*qitrán*	gárgola	*gargala*	tambor	*tambur*
alubia	*lubia*	garrafa	*garraf*	taza	*tassa*
argolla	*gul*	guitarra	*kitara*		
arrabal	*rabad*			zagal	*zagal*
arrecife	*resif*	hasta	*hattá*	zaguán	*astuán*
arroz	*roz*	hola	*u Alá*	zalamería	*salam*
ataúd	*tabut*			zanahoria	*asfannaria*
azafrán	*za'frán*	jabalí	*yabalí*	zanja	*zanqa*
azahar	*zahr*	jara	*xa'ra*	zurrón	*surra*

Anexos

Documentos

Las ciencias en la época omeya

El califato omeya de Córdoba, en el siglo X, supuso uno de los mayores momentos de esplendor para la ciencia y la cultura en al-Ándalus. La ascensión al trono de Abderramán III aportó un tiempo de prosperidad que resultó fundamental para el desarrollo de las ciencias y las técnicas, ya fueran estas relativas a la guerra, la construcción de calzadas y defensas, la agronomía, etc. Su obra sería continuada por su hijo el califa Alhakem II.

El mecenazgo de los Omeyas

Uno de los más destacados especialistas en la historia de al-Ándalus, Juan Vernet, resume el mecenazgo ejercido por el califato omeya para la investigación y la aplicación de las ciencias:

«(…) Otras importaciones y avances técnicos autóctonos contribuyeron a hacer de la Córdoba califal la metrópoli en que se miraban todas las ciudades europeas: los sistemas de refrigeración en pleno verano utilizado en las casas nobles; los juegos de «luces» proporcionados por piletas de mercurio; los juguetes mecánicos, que dejaban absortos a sus visitantes: políticos, comerciantes o simplemente enfermos que iban a consultar a los médicos más famosos del mundo que vivían allí en aquel entonces. Córdoba, con su parque zoológico repleto de especies extrañas, con pájaros que hablaban, con una incipiente socialización de la medicina y de la farmacología, era, en el siglo X, incomprensible para las mentes cristianas y judías de la época. Y mal debieron entender estas cuando, a punto de llegar a su fin, aún hubo un efímero califa que creó, por primera vez en España, y tal vez en el mundo, el Ministerio de Investigación y Sanidad.

En estas circunstancias no nos puede llamar la atención de que el siglo del califato, el siglo X, fuera el primer siglo de oro, de varios otros que debían seguirle, de la España musulmana: de Oriente se importaron desde materiales y técnicas de construcción hasta libros de letras (el *Kitab al-Aghaní* de al-Isfahani) y de ciencias (la Astronomía de al-Battani…) y en torno de la casa real se formaron grupos de estudiosos que no solo ampliaban los conocimientos recibidos sino que descubrían otros nuevos y todo ese conjunto era exportado allende de sus fronteras sin mirar si sus talleres artísticos itinerantes, sus nuevos textos científicos, sus obras de arte menor o los libros recién recibidos de Bizancio o Bagdad traspasaban las fronteras cristianas o de otros estados musulmanes.

En todos estos quehaceres representó un papel de primer orden el príncipe al-Hakam, que llegaría a gobernar con el título de al-Mustansir (961-976). Personalmente –las Historias Generales de este período ya lo recogen así– estuvo interesado por el campo de las Buenas Letras pero no por ello descuidó el científico: Fue un humanista integral que impulsó los mejores planes de estudios entonces conocidos y que según su coetáneo oriental, al-Juwarizmí (fl. 977), comprendían la filosofía, lógica, medicina, aritmética, geometría, astronomía, música, mecánica y alquimia».

Juan Vernet: «Las ciencias en al-Ándalus. El Califato», en *Historia de al-Ándalus*, boletín n.º 34 -01/2005.

Los hospitales

El médico de origen persa Alí ibn Abbas, muerto hacia el 995, trabajó en un hospital de Bagdad y fue considerado uno de los grandes médicos de su tiempo. Su obra *Liber Regius (Kitab al-Malaki)*, es uno de los más importantes compendios de medicina de la época. Una copia se conserva en la Biblioteca de la Real Academia Nacional de Medicina, en Madrid.

Las teorías médicas

Las teorías de Alí ibn Abbas alcanzaron al-Ándalus, lo que nos permite suponer cómo trabajaban los médicos, por ejemplo, en los hospitales de la Granada nazarí, allá por el siglo XIV.

«El estudiante de medicina debe estar siempre en el hospital y en las casas de salud, prestar atención y vigilar las condiciones y las circunstancias en que se encuentran los enfermos, acompañar a los mejores profesores de medicina; preguntar con frecuencia a los enfermos por su estado y observar el aspecto que tienen con el fin de estar sobreaviso de acuerdo con lo que ha leído acerca de la evolución de la enfermedad y de sus síntomas. Si el estudiante trabaja de este modo, alcanzará buenos resultados. Es conveniente, pues, que quien quiera ser médico siga este método y adquiera los hábitos que hemos dicho y no descuide nada».

Alí ben Abbas al-Mayusi (siglo X): *Liber Regius (Kitab al-Malaki)*, editado en Lyon en 1523.

La agronomía en al-Ándalus

La agronomía tuvo un lugar destacado en al-Ándalus, hasta el punto de que, entre los siglos XI y XIV, se escribieron no menos de siete tratados de agricultura. La experimentación agronómica, sumada al aprovechamiento y canalización de las aguas, permitió convertir extensas zonas en verdaderos vergeles, como la célebre Vega de Granada, en las que se aclimataron muy diversas especies arborícolas y hortícolas hasta entonces desconocidas en la Península.

La experimentación agrícola

Los jardines reales no solo fueron vergeles decorativos, sino granjas dedicadas a la aclimatación de especies vegetales.

«En al-Ándalus, los jardines y huertos fueron objeto de una especial predilección como lugares de experimentación agrícola y botánica. Las fuentes históricas mencionan, ya en el siglo VIII, el primer jardín botánico andalusí ubicado en el palacio de la Arruzafa, al noroeste de Córdoba; en él se aclimataron diversas especies vegetales procedentes de Siria. La misma actividad agrícola debió desarrollarse en la ciudad palatina del califa Abd al-Rahmán III, Medina Azahara, aunque es muy escasa la información que a este respecto nos han conservado las fuentes árabes. El destacado papel desempeñado en la difusión de nuevas plantas por este y otros nuevos jardines botánicos que van a surgir a lo largo de toda la historia de al-Ándalus se fue afianzando paulatinamente.

Tras la desmembración del califato y la formación de los reinos de Taifas, todos los soberanos se apresuraron a imitar las costumbres de los califas destronados, y estos jardines botánicos, de "experimentación", se multiplicaron en cada una de las cortes, caso de al-Sumadihiyya en Almería, la Huerta de la Noria o del Rey en Toledo, y la también llamada Huerta del Rey o Jardín del Sultán –al-Mu'tamid– en Sevilla.

En todas estas fincas reales, junto a los extensos espacios destinados a la producción agrícola o basatin, había zonas de experimentación, en las que se aclimataban nuevas especies o mejoran otras ya existentes en el suelo peninsular. Los testimonios aportados por las fuentes sobre las especies aclimatadas en los jardines botánicos indican que su cultivo no fue solo algo raro y experimental, esporádico y sin ningún tipo de continuidad, sino que se extendió al resto del territorio andalusí. Por tanto, tienen que ser especies cuyo cultivo ya sea una realidad, es decir, que se hayan experimentado y conseguido con éxito ya con anterioridad en Oriente. Pese a todo son estos "cultivos exóticos" –cítricos, caña de azúcar, planteros…- lógicamente por la misma carga de novedad o curiosidad que llevan implicada, a los que más hacen referencia las fuentes documentales».

«Los cultivos en al-Ándalus»,
Expiración García Sánchez:
en *Al-Ándalus y el agua*
El Legado Andalusí, 1995.

Primera oleada de esplendor oriental

Con la llegada de Ziryab a Córdoba en el siglo IX, procedente de Bagdad, se produce la primera oleada de esplendor oriental en la cultura andalusí, bajo el reinado de Abderramán II, gran amante de las artes. Convertido Ziryab en árbitro de la elegancia, introdujo una música nueva, así como ciertas modas orientales en la vestimenta, el peinado, el comportamiento, la cocina y la mesa. Su influencia supuso una revolución de las costumbres de la época.

Las innovaciones de Ziryab

De entre las sorprendentes innovaciones aportadas por Ziryab a la Córdoba del emirato omeya figuran las relativas a la decoración de la mesa y a la cocina, introducidas primero en la corte del sultán y adoptadas en seguida por una nobleza ávida de novedades. Refinamientos inusitados para la época y que demuestran el adelanto de la sociedad andalusí frente a la tosquedad de las comunidades del norte de la Península.

«Abandonada la antigua rusticidad medieval que aún presidía las mesas de las cortes europeas, donde los platos se disponían en desorden y carentes de toda decoración sobre la mesa desnuda o, en el mejor de los casos, sobre un grueso lienzo, en las casas de los nobles y los poderosos de Córdoba se comía ahora sobre manteles del más fino cuero, se dormía en camas con jergón también de cuero y se bebía en copas de vidrio transparente. Al placer de beber vino se había sumado el de poder contemplarlo a través del traslúcido cristal de la copa, lo que supuso un nuevo motivo de inspiración para los poetas.

En cocina, Ziryab descubrió recetas, inventó platos, reguló al detalle el orden de los manjares y enseñó el extraordinario arte oriental de la ornamentación para hacerlos más atractivos a la vista y excitar la glotonería. Hasta en el más vulgar almuerzo, innumerables novedades culinarias complacían el paladar de los cortesanos, entre las que figuraban las albóndigas de carne, un guiso bagdadí que a partir de entonces se conoció como "estofado de Ziryab", y un plato de carne con cilantro llamado tafaya, que se hizo muy popular. También introdujo en Córdoba cierto vegetal que a ningún andalusí se le había ocurrido comer hasta la fecha. El emir Abderrahmán lo calificó de manjar excelente cuando el propio Ziryab le dio a probar, en una cena privada en palacio, un plato lleno de tallos hervidos, que no eran sino espárragos».

Jesús Greus: *Ziryab y el despertar de al-Ándalus*. Entrelibros, 2006.

Los zocos

El zoco era centro de vida social. En él, los hombres pasaban la mayor parte de la jornada, ya fuera trabajando, paseando, charlando. Las mujeres, por su parte, acudían a abastecerse de productos alimenticios, o bien, entre las clases altas, a adquirir artículos de lujo, joyas, etc. El zoco era, pues, el corazón vivo y palpitante de la vida ciudadana, terreno de rebeliones, de brujerías, robos y ejecuciones.

Los zocos andalusíes

¿Cómo fueron los zocos andalusíes? ¿Quiénes trabajaban en ellos y qué productos se ofrecían a la venta?

«En los oficios señalados a modo de muestra, advertimos:

– Que la mayor parte son humildes o pertenecientes a los tenderos y artesanos (suqa y *arbab al –sana'i*).

– Que unos requieren habilidades aprendidas de un maestro en el oficio (el que al-Saqati designa como *mu'allim*), mientras que otros son simples vendedores de productos sin elaborar, y otros obreros.

En la diversidad de servicios, observamos:

– Que la oferta de alimentos naturales o preparados es considerable. Lo cual implica que no solo sirve de abastecimiento el zoco andalusí, sino que es lugar de estancia, reunión y charla en torno a la comida.

(...) Existe una sociedad introvertida, recluida en el gineceo, que sale y "participa" poco, frente a otra, extrovertida, que vive en los zocos y casi no regresa a casa más que para dormir: la masculina. Y esos hombres necesitan alimentarse, lo cual explica el número y frecuencia de las alusiones a "restauradores".

(…) Entre los oficios de los comerciantes de élite, se encontraban en al-Ándalus los orfebres, vendedores de tejidos y los artesanos de la seda, establecidos dentro de la alcaicería, o mercado cerrado de artículos de lujo.

La orfebrería es un trabajo manual que requiere un delicado aprendizaje y gusto por la composición de piedras y metales preciosos, así como la exquisita talla del marfil.

(…) Dentro del abigarrado mundo del zoco andalusí, había determinados "oficios", que han perdurado a lo largo de los siglos, como el de los ilusionistas (al-jayali) y hechiceros. Al-Saqati, entre otros, nos da relación de ellos.

Los adivinadores y astrólogos eran casi siempre procedentes de Egipto, y entre sus artes se encontraba la práctica de la magia negra o brujería, pues como afirma Ibn Jaldún la magia y la ciencia talismánica existieron entre los asirios y caldeos de Babilonia y entre los coptos de Egipto, que poseían importantes informaciones sobre el tema.

Este tipo de oficios fue muy apreciado en los zocos de Córdoba, Sevilla y Almería. También en las fiestas de notables y príncipes andalusíes.

El oficio de la hechicería siempre encontró alumnos aventajados que se encargaban más tarde de transmitirlo. Nos topamos con él en cualquier rincón de la literatura renacentista y del Siglo de Oro en España, a pocos pasos históricos de la Granada nazarí. La conocida "Celestina"(Tragicomedia de Calisto y Melibea), obra escrita a finales del siglo XV, es un personaje típico de la época renacentista española: alcahueta avezada en el oficio de hechicería, cuyos servicios eran muy requeridos.

Este oficio en el zoco, cuando se mostraba públicamente, requería ciertos espacios abiertos, pequeñas plazas o ensanches, donde se pudiera congregar la gente reunida, para contemplar el espectáculo que rodeaba a estos "profesionales". Quizá la granadina plaza de Bibalbonut (Puerta de los estandartes) famosa en la rebelión de los moriscos, pudo ser testigo de estas aglomeraciones populares. O la de Zocodover en Toledo.

Indudablemente el zoco fue el foro adecuado donde se desarrollaron los sucesos más llamativos de cada época. Quedan muchas referencias de los tumultos que tuvieron su origen en los zocos y que dieron lugar a convulsiones sociales mayores, como el suceso que desencadenó la actitud de martirio de los mozárabes de Córdoba (siglo IX), acaudillados por Álvaro y Eulogio, se produjo en el zoco cordobés, "donde se vendía al pormenor", cuando un sacerdote cristiano insurrecto, huido a las montañas, acudió al mercado a comprar, siendo reconocido por un correligionario y denunciado.

También era el zoco, por su eminente carácter populoso, el lugar de exhibición de los reos sentenciados, pregonando su vergonzoso delito y su humillante condena para escarmiento de la población. (*op.cit.* Trad. E. García Gómez, 1967, p44)».

Margarita López Gómez: «Aproximación a algunos aspectos sociológicos de los zocos andalusíes», en *El zoco. Vida económica y artes tradicionales en al-Ándalus*, El Legado Andalusí, 1995.

Especias, olores y perfumes

La expansión del imperio islámico abrió nuevas rutas comerciales hacia el Extremo Oriente. Gracias a los mercaderes, muchos de ellos judíos, que transitaron infatigablemente aquellas rutas de las especias, empezaron a afluir a la cuenca mediterránea, ya fuera por mar o por tierra, especias desconocidas procedentes de la India, Ceilán o China, como el sándalo indio o el almizcle de Tíbet. La primera escala de regreso solían ser los puertos de Yemen y de Adén, donde se añadían a la carga incienso y ámbar gris. De ahí partían, por fin, las caravanas hacia los puertos de al-Ándalus.

Olores y aromas de al-Ándalus

Esas exquisitas especias procedentes de Oriente pasaron a aromatizar y perfumar la vida privada, oficial y religiosa de los andalusíes, presentes en zocos, hogares, palacios y mezquitas.

«Especias, maderas olorosas, frutos secos, sustancias aromáticas… Todo ese elenco de mercaderías del aroma pasaban a ser vendidos en los zocos de al-Ándalus, tras el consiguiente pago de las alcabalas a las autoridades del mercado. Así en los zocos intramuros de la Córdoba califal, la Sevilla almohade o la Granada nazarí, como en los zocos del resto de las más importantes ciudades andalusíes, se podían encontrar desde la pimienta negra de la India, la casia de China, el cardamomo de Java, la nuez moscada de las Molucas, la canela de Ceilán, el áloe de Socotora, hasta el incienso, la mirra y el ámbar gris de Yemen, junto al almizcle de la meseta del Tíbet. Estos productos costosos por su laboriosa importación, se vendían en las tiendas de los especieros o perfumistas (*al-'attarin*), incrustadas en las callejas del zoco. Un zoco populoso por el que deambulaba una sociedad mestiza, la andalusí, integrada por diversos grupos de población, con un mosaico de creencias musulmanas, cristianas y hebreas (...).

La cantidad de productos aromáticos que enmarcaban la vida de los andalusíes, era tanta que no podía quedarse limitada a la oferta de mercancías orientales transmediterráneas.

Se hizo necesario la aclimatación en tierras andalusíes de aquellas plantas aromáticas que no eran susceptibles de importarse por su corta duración y lo costoso de su importación, iniciándose a lo largo de dos centurias una especie de movimiento migratorio de plantas y frutales aromáticos hacia al-Ándalus, de la mano del hombre.

Muchas de ellas se aclimataron bien en los predios andalusíes como el azafrán, cuyo cultivo se extendió por los campos de Baza (Jaén), Toledo, Guadalajara, Zaragoza, Valencia, Sevilla y Granada.

(…) El universo de esos aromas y perfumes, ya producidos en al-Ándalus o importados, ocupó sus espacios propios tanto en el ámbito comercial, como en el socio-religioso, el doméstico y lúdico. Los espacios señeros del olor eran los zocos, donde al abigarramiento visual de colorido múltiple se unía la mezcolanza de aromas diversos, unos, gratos a la percepción olfativa, contiguos a otros olores menos agradables, como los que despedían curtidores y tintoreros, por ello a extramuros de la medina o ciudad islámica. También a las afueras se instalaban los zocos de ganado: ovejas, cabras, bovinos, caballos y camellos.

Entre los olores placenteros, se encontraba no solo los aromas de especias y condimentos, también de verduras, frutas, quesos, cuajadas de leche, churros y buñuelos elaborados en el propio zoco, dulces con canela y miel y, sobre todo, el inmisericorde olor de los chiringuitos que ofrecían comida caliente a las gentes del zoco: Platos como los tayines o guisos de carne, muy especiados con cilantro, pimienta negra y jengibre, o los mirkas o salchichas de cordero con comino y canela(...). Todos estos efluvios, inundaban los espacios callejeros de los zocos, como un apetitoso reclamo para los hambrientos, cumpliendo con esa tradición tan arraigada en la sociedad islámica desde hace siglos, de "comer fuera"».

(…) Había otro espacio social, marco mucho más solemne y espiritual como receptáculo de perfumes y aromas, era el lugar de las mezquitas. Para la reflexión espiritual y el acercamiento a la divinidad, era preceptivo el impregnar la atmósfera con olores de cierta connotación religiosa de carácter universal, como el incienso, en sus variantes amarilla y blanca, y la mirra, con su color rojo cristalino, ambos procedentes de Arabia.

Como especialidad propia del mundo de Extremo Oriente, se quemaba en pebeteros sustancias solidificadas como el almizcle y el ámbar gris, al tiempo que maderas costosas y aromáticas, como la del sándalo maqasiri, procedente de Makassar, ciudad de las islas Célebes o Sulawesi.

Las mezquitas de al-Ándalus refulgían con sus abundantes lámparas de bronce y cristal, en las que ardían lamparillas en aceite perfumado. Desde los numerosos pebeteros se expandían los diferentes aromas, especialmente en el mes sagrado de Ramadán (noveno mes del calendario musulmán).

(…) En cuanto a los perfumes, eran muy apreciados por los andalusíes, ya que según la creencia general tonificaban el cerebro y los órganos sensoriales. Los perfumes se seleccionaban según las estaciones del año. En invierno se usaban perfumes cálidos como los elaborados con almizcle, algalias o aceite de jazmín. Para primavera, eran apropiados los perfumes de agua de azahar, narcisos, jazmines, malvaviscos o albahaca. En el verano, perfumes de polvo de musgo y sándalo, y el de agua de manzana. En otoño, agua de rosas, o de plantas aromáticas como albahacas y toronjil. Esta selección marcaba las modas estéticas de la élite andalusí. Entre las clases populares, se utilizaba mucho el agua de azahar y el agua de mirto, menos costosas de adquirir».

Cherif Abderrahman Jah: *El comercio en al-Ándalus*. Fundación de Cultura Islámica, boletín n.º 58 -01/2007.

Glosario

Abasíes (Abasidas)
Segunda dinastía árabe, que derrocó a los Omeyas el año 750. Trasladó la capital de Damasco a Bagdad haciendo de esta una de las ciudades más prósperas de su tiempo. La dinastía duró hasta 1258, año en que los mongoles invadieron Bagdad.

alcaicería
Antiguamente, lugar con tiendas dedicadas a la venta de seda cruda y tejidos de lujo.

alcázar
En las ciudades de al-Ándalus era el palacio o fortaleza donde residía el sultán, o bien el gobernador en las provincias.

alfaquí
Entre los musulmanes, doctor en la ley que deriva del Corán. Los alfaquíes tienen la obligación de velar por que la justicia y el gobierno no se desvíen de los preceptos de Mahoma.

alhóndiga
Palabra de origen árabe (derivada de la misma raíz de fonda o alfóndega, que designa una lonja o almacén de grano). Consiste en un corral con espacio para animales y mercancías, y habitaciones en los pisos altos que sirven de hospedería para mercaderes.

alminar
Torre de la mezquita desde la que se llama a la oración.

almohades
Dinastía africana de origen bereber, oriunda del sur del actual Marruecos, fundada por Aben Tumart, quien se proclamó mesías del islam. Derrocaron a los almorávides en África y en al-Ándalus, a la que gobernaron desde mediados del siglo XII hasta su derrota en las Navas de Tolosa, en 1212, que provocó su decadencia.

almorávides
Secta musulmana fundada por Abdallah Ben Yasin, quien convirtió al islamismo a los bereberes del Sáhara y conquistó Marruecos y Argel. A finales del siglo XI extendieron su imperio a al-Ándalus, donde permanecieron hasta la invasión de los almohades.

almuecín (o almuédano)
Musulmán encargado de llamar a la oración desde el alminar o minarete.

cadí (o *qadí*)
Entre los árabes, juez civil que entiende en pleitos y divorcios, legaliza las herencias, ostenta la tutela de los huérfanos, inscribe a los matrimonios e interviene en los consejos de menores.

Corán
Libro sagrado de los musulmanes que recoge las enseñanzas del profeta Mahoma. No lo escribió el propio Profeta, sino que fue transcrito en tiempos del tercer califa, Otman. Otro libro sagrado, la Sunna, recoge las anécdotas de la vida de Mahoma, pero solo es aceptado como sagrado por los llamados sunnitas. Los que solo admiten el Corán reciben el nombre de chiitas.

cordobán
Antigua artesanía de curtido de piel propia de Córdoba; aún hoy sigue funcionando.

emir
Príncipe o gobernador de una provincia del imperio islámico, que gozaba de gran poder político, militar y religioso, pero dependiente del califa, máxima autoridad religiosa del islam. En al-Ándalus, pronto logró su independencia política total del califa, por lo que el título de emir se puede equiparar al de rey.

Guerra Santa
Obligación canónica de los musulmanes de defender y propagar el islam, aunque de significado impreciso y de muy diversas interpretaciones, como esfuerzo o lucha interior por defender y difundir la fe. Fue uno de los elementos determinantes de la expansión del imperio islámico en los tiempos posteriores a la muerte de Mahoma.

maqamat (plural de maqama)
Relatos en prosa rimada, a veces musicalizada, de corte jocoso festivo. Influyó en la novela picaresca española del siglo XVI.

medina
Palabra árabe que significa 'ciudad'. Hoy se llaman medinas a las antiguas ciudades históricas en los países árabes, rodeadas por

murallas y en torno a las cuales se han construido barrios modernos.

mezquita

Lugar de culto de los musulmanes. Suele tener un patio para las abluciones y un recinto cubierto, desnudo de imágenes, donde los fieles se sientan mirando hacia a la *qibla,* muro que señala la dirección de La Meca. En lugar de altar, hay un simple nicho vacío, llamado *mihrab.*

moriscos

Los mudéjares, tras su conversión obligada por los Reyes Católicos, son llamados moriscos, pero fueron expulsados de España por orden de Felipe III, entre 1609 y 1616.

mozárabes

Del árabe *musta'rab.* Literalmente significa 'arabizados'. Se llamaba así a los cristianos que vivían en al-Ándalus, bajo el gobierno de los musulmanes.

mudéjares

Musulmanes que permanecieron en la España cristiana después de la conquista de sus territorios.

Nazaríes (Nasríes)

En árabe, Banu Nasri. Pertenecientes a la dinastía musulmana que reinó en Granada entre 1231 y 1492.

Omeyas

Primera dinastía árabe, fundada en el siglo VII por Moavia, que gobernó el imperio islámico durante casi un siglo. Su capital fue Damasco. Derrocados a mediados del siglo VIII, el único superviviente, Abderramán I, vino a España y logró proclamarse emir, con poder independiente de la nueva dinastía abasí de Bagdad, equivalente al de un reino políticamente soberano, fundando el emirato omeya de Córdoba.

Reconquista

Período de la historia de España entre el siglo VIII y el siglo XV que se caracterizó por la formación de los estados cristianos en su avance hacia el sur sobre tierras con población hispana y de religión mayoritariamente musulmana. El concepto de reconquista adquiere su actual significado a finales del siglo XV y vendría a ser, por el contrario, una justificación a la invasión y ocupación territorial y humana de al-Ándalus por los cristianos del norte con supuestos motivos religiosos e históricos. La palabra reconquista, pues, se debería referir exclusivamente al nombre de un período histórico y no a una determinada interpretación de los hechos históricos.

Taifas, reinos de

Del árabe *táifah* ('facción'). En general, se trata de pequeños reinos en que se fraccionó el califato cordobés al ser destronado Hishem III en 1031, cuyo número fue de veintitrés. Tras el ocaso de los almohades en 1232, al-Ándalus volvió a dividirse en varios reinos de Taifas, siendo el reino nazarí de Granada el que más perduró, hasta 1492.

tiraz

Industria de confección de tejidos de lujo propia de Bagdad, que se introdujo en al-Ándalus en el siglo IX. Estos trajes de gala con brocados los usaba la aristocracia. En Córdoba, esta industria estaba centralizada en una alcaicería edificada por Abderramán II junto a la gran mezquita.

valí

Del árabe *uali,* 'amigo íntimo', encargado, próximo (de donde procede la palabra valido). Es el gobernador de una provincia de un estado musulmán, o valiato, con poder civil y militar dependiente de un emir.

visir

Del árabe *uasir.* Especie de ministro entre los estados musulmanes. En al-Ándalus, las atribuciones de este cargo variaron según las épocas: en el emirato y el califato fue un cargo de gran importancia, mientras que más tarde pasó a ser con frecuencia un puesto puramente honorífico. De la raíz árabe de visir deriva nuestra palabra alguacil.

zoco

Del árabe *soq.* Entre los árabes, 'plaza o conjunto de calles destinadas a mercado o bazar'. Suelen estar en ellos los artesanos y comerciantes reunidos por gremios, de modo que cada ciudad tiene varios zocos.

Cronología

711-732	Llegada de los musulmanes a la Península. El rey visigodo Roderico es vencido en la batalla de Guadalete. Al-Ándalus es declarado provincia del imperio islámico, con capital en Bagdad.
711	Uso compartido de la basílica de San Vicente, en Córdoba, como iglesia y mezquita.
722	Don Pelayo vence a un pequeño contingente musulmán en la batalla de Covadonga. Aunque fue una escaramuza sin importancia, permitió el nacimiento del reino de Asturias, primer reino cristiano independiente del gobierno de al-Ándalus.
732	Carlos Martel rechaza el avance musulmán hacia el norte en la batalla de Poitiers.
756–929	Emirato de Córdoba: con la llegada de los Omeyas, al-Ándalus es declarado emirato independiente.
786	Abderramán I compra a la Iglesia de Córdoba la basílica de San Vicente, que es derruida para iniciar la construcción de la gran mezquita.
833-855	Ampliación de la mezquita Aljama de Córdoba por Abderramán II.
929-1031	Califato de Córdoba. Época de mayor esplendor cultural de la capital omeya.
936-1010	Edificación de la ciudadela de Medina Azahara, al norte de Córdoba.
961	Nueva ampliación de la mezquita Aljama de Córdoba por Alhakem II.
38-1002	Gobierna Córdoba el caudillo Almanzor, el Victorioso, bajo el reinado del califa Hishem II. Época de mayor expansión geográfica de al-Ándalus.
987	Última ampliación de la mezquita Aljama de Córdoba por el caudillo Almanzor.
1031-1085	Primera época de reinos de Taifas. Reinos independientes de Almería, Murcia, Alpuente, Arcos, Badajoz, Carmona, Denia, Granada, Huelva, Morón, Silves (Portugal), Toledo, Tortosa, Valencia, Zaragoza, Sevilla y Murcia.
037-1065	Fernando I de Navarra reúne, por primera vez, los reinos de León y Castilla.
1080	Primer destierro de Rodrigo Díaz de Vivar, apodado el Cid (el Señor en árabe) por parte de Alfonso VI de Castilla. El Cid se pone al servicio del reino taifa de Zaragoza como jefe de su ejército.
1085	Alfonso VI de Castilla conquista Toledo.
1089	Nuevo destierro del Cid, que se dedica a guerrear por su cuenta con un gran ejército de mercenarios. Saquea la taifa de Denia y logra que el rey de Valencia le pague tributo. Se convierte en la figura más poderosa del Levante.
1090-1144	Los almorávides gobiernan al-Ándalus.
1094	El Cid conquista Valencia y se alía con Pedro I de Aragón y con Ramón Berenguer III, conde de Barcelona.

1139	Nace el reino de Portugal
1144-1170	Segunda época de reinos de Taifas.
Siglo XII	Hacia mitad del siglo se inicia la Escuela de Traductores de Toledo. Se traducen obras de filosofía del árabe al latín. La filosofía clásica griega se divulga así en Europa.
Siglo XII	El Camino de Santiago potencia el intercambio de saber entre los reinos de Castilla, León y Europa, en ambos sentidos. Los conocimientos científicos árabes se propagan por Europa.
1172	Los almohades conquistan al-Ándalus.
1184	El califa almohade Abu Yaqub Yusuf ordena la construcción de la Giralda, de Sevilla, al mismo arquitecto que había edificado el alminar llamado Kutubía, en Marrakech.
1195	Batalla de Alarcos, cerca de Ciudad Real. Alfonso VIII de Castilla es derrotado por los almohades.
1212	Alfonso VIII de Castilla vence a los almohades en la batalla de las Navas de Tolosa. Se inicia la decadencia del reino almohade.
1220	El gobernador almohade de Sevilla ordena la construcción de la Torre del Oro junto al Guadalquivir.
1226-1238	Tercera época de reinos de Taifas.
1230	Fernando III vuelve a reunir los reinos de León y Castilla.
1236	Fernando III de Castilla toma Córdoba. La gran mezquita es consagrada como catedral. Ese mismo año, Jaime I de Aragón toma Valencia, que había vuelto a ser reino musulmán independiente.
1238-1492	Reino nazarí de Granada. Se inicia la construcción de la Alhambra sobre una antigua alcazaba militar.
1248	Fernando III de Castilla toma Sevilla.
1252-1284	Reina Alfonso X de Castilla, León y Galicia, apodado el Sabio, quien prosigue la labor de la Escuela de Traductores de Toledo. Se traducen obras del árabe al castellano: tratados de alquimia, astronomía, matemáticas, etc.
1492	Toma de Granada por los Reyes Católicos.
1567	Felipe II dicta providencia por la que se prohíbe a los moriscos utilizar sus nombres árabes, hablar la lengua árabe y vestirse a la usanza musulmana.
1568-1571	Rebelión morisca en las Alpujarras.
1609-1614	Felipe III dicta orden de expulsión definitiva de los últimos 300 000 moriscos.

Bibliografía

BUENO GARCÍA, Francisco. *Los reyes de la Alhambra, entre la historia y la leyenda*. Ediciones Miguel Sánchez, 2004. Libro que nos presenta, de forma amena y rigurosa, la historia del reino de Granada, utilizando como hilo conductor la cronología de todos sus reyes.

BURCHARDT, Titus. *La civilización hispano árabe*. Alianza, 2005. A través del estudio de monumentos y otros vestigios, el autor nos transmite el espíritu de aquella prodigiosa civilización y los frutos de su legado.

DAMIÁN CANO, Pedro. *Al-Ándalus. El Islam y los pueblos ibéricos*. Sílex, 2004. Obra que expone la importancia de la civilización hispanomusulmana como un hito en nuestra historia, además de su influencia en la cultura europea posterior.

DE LA PUENTE, Cristina. *Médicos de al-Ándalus. Perfumes, ungüentos y jarabes*. Nivola, 2003. Avenzoar, Averroes e Ibn al-Jatib fueron herederos de la tradición médica árabe y representaron su culminación. Sus vidas estuvieron ligadas a la corte musulmana y pendientes del hilo de las intrigas palatinas.

GONZÁLEZ FERRÍN, Emilio. *Historia general de al-Ándalus. Europa entre Oriente y Occidente*. Almuzara, 2006. Original exposición que asume que el islam es la natural herencia de la Roma oriental y que la historia de las ideas es más sutil que las fantasías invasoras de bereberes y árabes, con la que se quiso cimentar una idea de «reconquista» que jamás existió como tal.

GREUS, Jesús. *Ziryab y el despertar de al-Ándalus*. Editorial Entrelibros, Barcelona, 2006. Novela histórica muy documentada acerca del músico que revolucionó las costumbres, la vestimenta, la cocina, la música y la vida cortesana en la Córdoba del siglo IX.

HUICI MIRANDA, Ambrosio. *La cocina hispanomagrebí durante la época almohade*. Trea, 2005. Más de 500 recetas culinarias, muchas de las cuales perviven en la gastronomía española, además de jarabes, prepa[...]dos medicinales y numerosos consejos al[...] menticios e higiénicos sobre utensilios y d[...] servicio de mesa.

JAH, Cherif Abderrahman. *Los aromas de al-Án[...]dalus*. La cultura andalusí a través de l[...] perfumes, especias y plantas aromátic[...] Alianza, 2001. Este libro muestra el refina[...] miento de la sociedad andalusí a través de sus perfumes, sus cuidados estéticos, sus jardines y su cocina.

MARÍN, Manuela. *Vidas de mujeres andalusíes*. Sarriá, 2006. Obra que analiza espacios en los que las mujeres andalusíes tuvieron un papel relevante: mujeres sabias, músicas, cantoras y poetisas, así como aquellas otras asalariadas, esposas y madres.

ROSELLÓ BORDOY, Guillermo. *El ajuar de las casas andalusíes*. Sarría, 2002. Este libro nos muestra cómo vivían los habitantes de al-Ándalus en el ámbito doméstico: los cacharros de cocina, la vajilla, los útiles para la iluminación de la casa, la indumentaria, los juegos, los muebles, etc.

TAHIRI, Ahmed. *Las clases populares en al-Ándalus*. Sarriá, 2003. El autor nos desvela cómo vivían, cuáles eran sus aspiraciones y a qué se dedicaban las clases más humildes en Córdoba, en época califal, y en Sevilla, en época taifa.

VV.AA. *Los reinos de Taifas. Fragmentación política y esplendor cultural*. Sarriá, 2006. Obra que analiza los reinos de Taifas en el siglo XI, las relaciones entre ellos y con sus vecinos del norte, su estructura militar, su economía, su cultura y su desarrollo artístico.

VERNET, Juan. *Lo que Europa debe al Islam y a España*. El Acantilado, 2006. Obra acerca de los logros de al-Ándalus en el campo de la filosofía, las ciencias ocultas, las matemáticas, la técnica, la astronomía, la física, la alquimia, la geología, la botánica, la zoología y la medicina.

Índices

Índice analítico

Onomástico